华北理工大学学术著作出版基金资助

居住区共享停车
博弈分析

段满珍　著

WUHAN UNIVERSITY PRESS
武汉大学出版社

图书在版编目(CIP)数据

居住区共享停车博弈分析/段满珍著.—武汉:武汉大学出版社,
2018.2
ISBN 978-7-307-19748-0

Ⅰ.居…　Ⅱ.段…　Ⅲ.居住区—停车场—管理—研究
Ⅳ.U491.8

中国版本图书馆 CIP 数据核字(2017)第 247926 号

责任编辑:李　晶　　责任校对:周卫思　　装帧设计:吴　极

出版发行:**武汉大学出版社**　(430072　武昌　珞珈山)
　　　　(电子邮件:whu_publish@163.com　网址:www.stmpress.cn)
印刷:虎彩印艺股份有限公司
开本:720×1000　1/16　印张:10.5　字数:200 千字
版次:2018 年 2 月第 1 版　　2018 年 2 月第 1 次印刷
ISBN 978-7-307-19748-0　　定价:68.00 元

作者简介

段满珍,女,华北理工大学建筑工程学院教师,博士、副教授、硕士研究生导师。主要研究方向为智能交通系统理论与技术。曾主持和参与国家自然科学基金、省级自然科学基金、省级社会科学基金及其他课题10余项;以第一作者身份撰写各类科研论文30余篇,其中EI检索论文9篇;撰写专著及参编教材4部。

前　　言

　　21世纪的中国,汽车正在逐渐替代自行车,成为人们日常出行的代步工具。但是汽车保有量的剧增给城市交通带来了过大的压力,"行车难,停车更难"已成为包括中小城市在内的交通难题。针对停车难的问题,许多城市采取积极措施,例如新建或改建立体停车场、P+R停车换乘、咪表计时等措施,也有一些城市对建筑物停车配建标准进行修订等,以期满足日益增长的停车需求。但是配建标准的修订带来的另外一个问题就是土地占用面积与停车场建设成本的增加,无休止地扩建也难以满足高速增长的停车需求。因此,肆意扩建终归不是良策,合理的停车需求供应与有效的协调管理才是可持续发展的长久之计。鉴于现阶段我国大城市普遍存在可利用土地少、停车泊位有限的问题,积极改善和推进现有停车设施的利用才是解决我国城市停车问题的根本途径。因此,共享停车策略成为改善现有设施利用率的最可靠途径。

　　大量的调查与研究发现,居住区停车位需求与其他类型建筑物停车位需求之间存在时间上的互补性。但是由于居住区停车位复杂的归属权问题给共享停车带来了一定的困难,因此,关于居住区停车位能否参与共享停车的争议较大,这方面的研究成果也较少。随着我国城市停车与土地利用矛盾的升级,庞大的居住区停车资源成为关注和期待的焦点,如能通过技术控制和措施管理将居住区停车位纳入共享范围,则可大大缓解城市停车拥挤问题。

　　针对传统的群体式停车诱导容易导致局部停车拥堵的问题,本书第2章首先定义个性化停车诱导概念和个性化停车诱导服务流程,提出了面向驾驶人个体需求的共享停车诱导服务平台功能框架。第3章解决居住区共享停车的可行性研究和服务能力评估问题。第4章以博弈论为基础,分析居住区停车位参与共享条件下各参与者的行为意愿,为后续停车协调控制服务模型的建立提供理论基础。第5章研究了居住区共享停车协调控制服务模型。

　　本书研究数据依托于"唐山市综合交通调查"项目,某些调查结果和结论可能会存在一定的地域性限制,与大城市相比会存在一定的误差,但方法和思路可为其他城市共享停车管理和实施提供参考,不当之处也请各位读者多提宝贵意见。

　　本书得到了国家自然基金项目"不确定动态信息环境下交通应急疏散集成

调度和管控策略研究"(51378171),"突发事件下城市轨道交通路网客流动态估计与网络非均衡演化模型研究"(61374157),河北省软科学计划项目"居住区停车位对外共享服务协调控制模型研究"(16456232)和唐山市城乡规划局项目"唐山市综合交通调查"的资助。

由于作者水平有限,书中难免有疏漏和不足之处,敬请读者批评、指正,提出宝贵意见。

著　者

2017 年 12 月

目　　录

1 绪　　论

1.1　引言

据我国公安部交通管理局数据显示,截至 2015 年底,我国汽车保有量为 1.72 亿辆,其中私家车超过 1.24 亿辆,比 2014 年增加了 1877 万辆。全国 40 个以上城市的汽车保有量超百万辆,其中深圳、成都、北京、天津等 11 个城市超过 200 万辆,并以每年 15%~20% 的速度在递增。2015 年,全国机动车驾驶人数量已超过 3.2 亿人,其中汽车驾驶人 2.8 亿,占总驾驶人数量的比例为 85.63% (图 1.1),且仅当年就新增汽车驾驶人 3375 万人(沈后功等,2016)。停车拥挤已成为包括中小城市在内的城市难题。路内停车、出入口停车严重影响了人们的出行安全,每年约有 30% 的交通事故发生在出入口附近,因停车拥挤导致的交通事故约占总事故的 25%,并以每年 30% 的速度在递增。停车拥挤和停车安全已引起社会各界的关注。2011 年颁布的《中华人民共和国道路交通安全法》中将停车设施增建及规划管理工作作为城市现代化建设的重要发展课题。2015 年《中华人民共和国道路交通安全法》第九十三条规定"对违反道路交通安全法律、法规关于机动车停放及临时停车规定的,可以指出违法行为,并予以口头警告,令其立即驶离。机动车驾驶人不在现场或者虽在现场但拒绝立即驶离

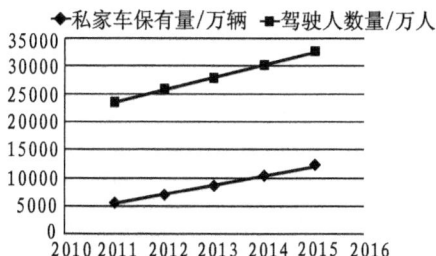

图 1.1　近几年私家车保有量和驾驶人数量

的,处 20 元以上 200 元以下罚款。"说明随着城市停车问题的日益严峻,从建筑物停车配建标准到停车管理政策措施以及违章处罚条款等各方面都已经开始重视停车问题。

随着城市机动车和驾驶人规模的增长,大规模娱乐活动、商业活动的增多,以及日常出行中的休闲、购物、医疗、办公等产生的车辆集聚现象已成常态,给人们日常出行带来许多不便。为满足居民日常出行和群体活动的停车需求,城市交通枢纽、文体、商业、医疗、办公等各类建筑物停车设施建设规模和配建标准不断增加,即使如此,停车拥挤现象依然日益严重。尤其是节假日,大型活动等行人出行集中的时期,停车拥挤、出入口排队现象尤其明显,这不仅影响人们正常出行和团体活动的高效性、舒适性,而且因停车排队导致的能源消耗及环保问题、交通绕行、交通事故等都严重威胁着人们的生存环境和出行安全。日常生活中因私装地锁、挤占草坪、占道停车等引发的邻里纠纷,车辆剐蹭事件也日益增多,因停车拥挤导致的治安事件和暴力冲突也时有发生。尤其是面临火灾或临时救助等突发事件,因停车拥挤、违章占道导致消防通道或救援通道受阻,更是严重威胁人们的生命和财产安全。因此,均衡利用停车资源,缓解局部停车拥挤,提高停车设施利用率,确保城市停车有序,是人们生活、出行快捷高效、生命财产安全以及环境保护的前提和基础,也是停车设施规划与管理,城市交通组织和安全管理的关键任务。

2017 年中国国际智能交通展览会(ITS Asia)论坛半数以上的论题都围绕"互联网+停车"问题展开,可见城市停车在当今城市交通中的重要地位。常规的路边停车虽然能一定程度上缓解停车位不足的问题,但却严重影响了道路的通行能力(吕北丘等,2009);停车场出入口排队、车辆徘徊寻找车位等现象在增加道路交通流量的同时也容易导致周边交通拥堵;违规占道停车影响动态交通的同时也造成了交通安全隐患,这些现象的出现不仅增大了交通压力,还导致能源消耗增加、交通环境恶化。虽然近几年各省、市建筑物停车设施配建标准不断提高,停车资源持续增加,但停车状况仍旧不容乐观。因此,单纯增加停车资源并不是缓解停车矛盾的最佳和有效途径,况且在土地资源稀缺的条件下,这一途径显然会使停车陷入尴尬的境地。而城市静态交通中的停车拥挤矛盾突出与居住区停车位闲置显然构成了城市停车交通的主要矛盾之一。因此,在一定程度上可以说现在的停车矛盾是由于停车管理不到位导致的停车资源利用不均衡、停车设施利用率低的结果。此外,从城市规划与土地利用、停车资源可持续发展角度考虑,停车供给也需采取一定的抑制性策略。但从目前的情况来看,阶梯性定价、咪表计时、P+R 停车换乘(停放车辆后换乘公共交通)等措施对于缓解城市停车的效果仍然有限。面对种种停车管理措施的限制,巨大的居住区停车资源却被闲置浪费。因此,在"互联网+"时代,如何充分利用好现有停车资源,以及如何实现现有停车资源的共享共用才是缓解城市停车矛盾的重要突破口。

关于共享停车问题的理论研究,早期主要是从土地利用和停车设施规划的角度考虑,研究活动大多从停车基础调查开始,居住区停车位并未介入共享范围。例如,1956 年,针对不同城市规模和停车特征的关系,在对 67 个城市停车调研的基础上 Burrage R H 出版了 *Parking Guide for Cities*;1970 年又出版了 *Parking in the city Centre*,研究城市 CBD 停车。20 世纪 80 年代以后,美国各城市停车矛盾日益显现,于是原有的停车政策开始发生变化,从无限制供应阶段变成强制管理和一定程度的控制需求,于是共享停车策略应运而生(陈云,2017)。1983 年,美国土地研究所又编制了《共享式停车场》,该书目前已成为公共设施审批和设计的必要步骤。

在"互联网+"时代,随着停车拥挤问题的加剧,潜在的社会停车需求催生了各种市场经营活动的出现,也给居住区停车位参与共享提供了服务社会的发展契机。2014 年,意大利 Monkey Parking 创业公司推出了一款停车位竞拍软件,这款软件在美国旧金山推出后,立即引起了人们的热议。Monkey Parking团队对停车位共享的多元化奖励模式的探索中发现:金钱是最能推进人们进行停车位共享的动机。2014 年,泰国曼谷的 Paruey Anadirekkul 开发了停车位的信息用来出租,采取双赢策略的形式来进行出租停车位业务,即拥有停车位的人可以通过网络发布停车位空闲信息,以收取租金来赚取一定的费用,而通勤者也不用发愁找不到停车位,由此,他创建了 Pcusking Puke 公司。用户出于对彼此的信任达成合作,租用者有车险保护,车位出租者的保护由 Parking Duck来保证,所有 Parking Duck 的用户在注册时都要签署一份协定。此外,新加坡、韩国首尔、美国旧金山等国家和地区也有类似的"互联网+"形式的探索性停车经营活动的出现(刘松,2012)。我国的安居宝、得立云、丁丁停车等也在一些大中城市开展云停车业务,华工信软、金溢科技、宝晟科技等公司也都纷纷投入"互联网+"时代的停车问题的研究。虽然目前尚未涉及居住区停车位共享,但是为"互联网+"时代实施居住区共享停车业务奠定了一定的理论和实践基础。

政策方面,2007 年,上海市就有了《关于建立居住区内外停车资源共享协调机制的建议》的提案。2010 年,中华人民共和国住房和城乡建设部(以下简称"住建部")印发了《关于加强城市停车设施规划建设及管理的指导意见》,对城市停车以及未来城市停车发展问题提出了总体要求和部署。2012 年修订的《上海停车场库管理办法》新增了有关停车资源错时利用的规定。2013 年,北京市人民政府令第 252 号《北京市机动车停车管理办法》鼓励单位和居住区在满足本单位、本居住区居民停车需求的情况下将配建停车场向社会开放。为落实国务院相关工作部署,2015年住建部又陆续出台了《城市停车设施规划导则》《城市停车设施建设指南》和《关于加强城市停车设施管理的通知》,这些措施的出台分别从规划、建设和管理等方面加强对城市停车行业的指导(邓云飞,2016)。2016年《中共中央国务院关于进一步加强城市规划建设管理工作的若干意见》中也提出"新建住宅要推广街区制,原则上不再建设封闭住宅小区"和"合理配置停车设施,鼓励社会参与,放宽市场准入,逐步缓解停车难问题"等意见(蒋超,2016),为推行居住区共享停车提供了政策支持。从以上这些政策可以看出,国家对于居住区停车位的社会化共享服务有了一定的政策倾向。

实践上,许多大中城市早在十多年前就开始了居住区错时共享停车的尝试。例如,2004年,杭州西湖区九莲社区与九莲小学、影视中心等单位达成错时停车协议;2008年,杭州市政府将办公楼所属的停车位也向居住区开放,形成双赢式的停车关系(吴斌,2016)。2011年,北京北大医院和毗邻的华裕园居住区开始实行共享停车,朝阳区部分写字楼和居民楼也合作共享停车位;2011年,上海市静安区实施"错时停车",实现居住区停车位共享(于晓桦等,2012);2011年,宁波市江北区的几家政府单位先后与周边居住区开始共享停车(陈伟等,2017);此外,大连市也利用部分开放式管理的居住小区来参与城市共享停车,在保证居民车辆进出相对自由的条件下实施共享停车。以上城市的居住区停车位共享实践虽然大多体现的是管理者和使用者的自觉行为,但也正好表明了居住区停车位共享存在潜在的社会需求和实践推广的可能性。

综上所述,共享停车理论在国外早有发展,政府管理部门已经认识到共享停车策略的管理优势,使得共享停车策略在美国拥有了法律和技术的保障,为了鼓励其进一步普及实施,政府有意识地在政策上给予其一定的发展空间(程茂春等,2016)。而在居住区共享停车方面,国内虽有一定程度的实践探索,但理论方面的研究却很少见。但是从当前的一些居住区共享停车行为和共享实践的推广情况可以看出,"互联网+"时代的停车需求对居住区参与共享停车的渴望和发展的必然趋势。但由于居住区停车位的特殊属性和管理壁垒,居住区停车位的共享行为不仅涉及停车设施管理者,还涉及停车位需求者和停车位供应者,因此,其共享的基础应是实现各方利益的均衡和城市整体停车管理效果的最优化。同时,由于共享各方参与者的行为动机和收益目标不同,在一定程度上也会出现利益的分歧。因此,探讨"互联网+"时代居住区停车位对外共享的可能性,对外共享服务能力和共享停车管理技术,引入博弈论和共享停车理论分析驾驶人共享停车选择行为动机、停车位供应者和停车管理者动机,研究停车资源协调共享的基本理论——共享停车博弈理论,探索实现停车资源共享利用的停车选择博弈服务模型,引导驾驶人实施有效停车,具有重要的现实意义,也是本书研究的重点。研究成果将为推动"互联网＋"时代下居住区停车位共享,减少城市停车局部拥挤,提高停车资源利用率,缓解城市停车矛盾提供理论基础。

1.2　居住区停车位共享的意义

根据以上分析,研究居住区停车位共享至少需解决以下几个问题:居住区停车位共享实施的基础条件;居住区停车位共享的必要性;居住区共享停车中各个参与方的行为如何;如何实现居住区共享停车的行为诱导。因此,本书的研究目的主要有以下几个方面。

(1)设计适合于实现居住区共享停车的诱导技术框架。根据居住区共享停车的诱导思路,分析该框架的功能需求和物理架构,为实施居住区共享停车提供理论基础。

(2)居住区共享停车的可行性和必要性分析。通过居住区停车特性调查、驾驶人共享停车意愿调查,分析居住区停车位的闲置时间特性和居民的对外共享意愿,研究居住区对外共享的可行性;根据居住区停车位的闲置特性,研究其对外共享服务能力评估模型,考察居住区停车场的服务能力和服务特点,研究实施居住区停车位共享的价值,为实现居住区停车位对外共享提供理论基础。

(3)引入博弈论研究居住区停车位共享条件下各个参与方的博弈行为。研究影响驾驶人进行停车场选择的基础要素和共享停车的诱导服从率问题;对居住区共享停车模式下停车选择博弈行为进行分析,研究各方的博弈关系、博弈类型和博弈的均衡形式,为进行有效的共享停车诱导服务提供理论基础。

(4)居住区共享停车博弈服务模型研究。根据博弈分析结果,建立停车场选择的双层规划博弈服务模型,研究模型的求解算法和模型的均衡解,为实现共享停车诱导框架下的停车资源均衡利用服务,实现驾驶人和停车管理者的双赢关系。

基于停车选择行为博弈的居住区共享停车理论和诱导服务模型研究在城市停车管理、智能停车诱导研究中具有越来越重要的地位(朱永康,2016)。通过对居住区停车位共享模式下停车选择行为的博弈分析,建立共享式停车诱导服务协调控制服务模型,为实施城市共享停车,均衡有效利用停车资源,改善城市停车环境提供技术支撑;基于微观仿真的停车选择和共享停车博弈行为,可以在仿真个体停车选择微观博弈行为和群体停车诱导管理的基础上,实现城市宏观停车管理效果的描述,建立城市停车宏观管理与个体停车微观选择的联系,为有效实施共享停车,建立共享停车管理机制和停车拥挤防范措施提供理论依据。

由于停车设施建设成本高,改造及扩建难度大,而居住区停车位的利用与其他建筑物又存在时间上的互补性,因此,建设开放型居住小区和外向型停车场有利于推行城市共享停车(王秀等,2016),2016 年的《中共中央 国务院关于进一步加强城市规划建设管理工作的若干意见》提出"新建住宅要推广街区制,原则上不再建设封闭住宅小区""合理配置停车设施,鼓励社会参与,放宽市场准入,逐步缓解停车难问题"的意见,为推行居住区共享停车提供了强有力的政策支持。

共享停车理论是商业、医疗、办公、休闲等各类公共停车设施规划以及车辆、行人交通组织的基础理论。合理规划和设计停车设施、优化停车场内部及周边集散路线都需要理解和掌握停车拥挤宏观特征和产生原因(魏岗,2009)。基于城市停车吸引宏观特征分析和微观停车选择博弈行为描述,定义停车拥挤和共享停车相关评价指标,分析城市停车选择行为博弈过程中参与者之间的博弈行为、博弈过程及博弈均衡问题,研究引导驾驶人进行有效停车的协调控制服务模型,实现城市停车拥挤区域停车设施的均衡有效利用,是"互联网+"时代城市智能交通和停车设施规划等研究领域的重要课题。

通过以上分析可知,居住区停车位共享对缓解城市停车矛盾、节约停车资源有着广泛的研究价值和实际意义。基于城市停车资源共享和资源可持续发展理念,研究缓解城市停车矛盾的基本理论和方法,具体意义体现在以下几个方面。

(1)根据不同用地性质的建筑物停车设施在时间利用上的互补特性,实现停车资源共享的协调均衡利用。

(2)缓解局部停车拥堵,减少停车场出入口排队,提高停车效率和停车设施利用率。

(3)减少因出入口停车、违章占道停车导致的交通安全事故。

(4)方便出行者,减少因寻找车位导致的城市交通压力,改善城市交通环境。

(5)节省土地资源,为城市规划与土地利用、城市停车资源协调发展提出新的研究思路和研究方向。

本书研究成果将会在城市停车管理、停车设施规划、居住区管理和出入口交通组织等方面广泛应用。对提高人们日常出行效率、减少停车事故、提高城市停车组织效果、节约停车资源和减少土地消耗等方面具有现实意义。

1.3 国内外研究现状

虽然 20 世纪 80 年代初国外就提出了共享式停车理论,但最初的研究主要用于停车场的设计。随着城市停车矛盾的升级,停车拥挤问题成为严重影响和制约城市交通发展的桎梏,共享停车理论才得到了实质性发展。综合分析,国内外关于共享停车理论的研究主要围绕停车选择行为、停车管理措施和停车位共享需求预测等几个方面进行。

1.3.1 关于停车选择行为方面的研究

停车选择行为是停车博弈理论研究的基础,关于停车选择行为方面的研究,国外学者主要是通过大量停车基础数据调查,从停车费用、时间和步行距离等方面研究驾驶人停车选择行为,主要成果有:Thomas A Lambe(1996)基于行驶距离、步行距离和停车费率的线性函数模型,Mauro Dell Orco(2003)的研究表明驾驶人的停车选择受感知的停车费用的影响;P V Waerden(2003)认为停车选择是由备选停车区域之间的选择和停车区域内部的选择决定的;Peter Bonsal(2004)认为驾驶人的经验和路径选择也是影响最终停车选择结果的重要因素。Sattayhatewa 和 Smith(2003)建立了基于停车场选择和路径选择的 Logit 组合模型;A Ibeas L(2014)选择了不同类型的停车场研究西班牙的停车选择行为,发现除了停车费用外,车龄也是重要的影响因素,另外还与驾驶人的收入水平以及是否是当地居民有关;Emmanouil C(2015)则认为停车定价政策和停车位预订信息系统研究需要先了解驾驶人的停车选择行为,并且驾驶人停车行为的研究结果也可用于交通分配模型和停车支持系统。Fabien Leurent(2014)在假设每一位出行者都需进行两阶段选择的基础上,提出一种停车路径选择的网络模型。此外,Thompson(1998,2001)还研究了停车位搜索算法,讨论了诱导信息对车辆共享停放选择的影响。

国内关于停车选择行为的研究成果主要有:张宝玉(2009)构建了完整信息下停车选择行为概率的多项 Logit 模型;关宏志(2005)建立了停车时间长度选择模型,认为平日停车费率对停车选择影响较大,而在假日对驾驶人的影响减弱;唐伯明等(2015)对驾驶人停车行为研究也表明停车费优惠需考虑平日与节假日的区别;节假日停车的目的地较为离散,停车费优惠措施对驾驶人选择停车场的影响降低;易昆南和李志纯(2006)建立了供需相互作用下的不动点拟动态停车选择行为模型;王炜等(2008)提出了两阶段的停车选择模型;胡骥(2009)建立了停车选择行为的线性效用函数;张宝玉等(2009)建立了多项

Logit 模型模拟停车路线选择,并利用多元逻辑模型计算停车场选择的概率;李志纯和朱道立(2007)建立了能力约束下的出行选择和停车行为模型;孙磊(2010)利用随机效用理论建立通勤者停车选择多项 Logit 模型;畅芬叶等(2012)基于前景理论研究驾驶人停车选择行为,认为调整停车费率可以优化停车资源利用。刘婧等(2016)选取了北京市西城区 18 个公共停车场研究驾驶员停车寻位行为的一般规律,经研究发现,停车时长、停车场类型、有无引导和停车场拥挤情况对寻位选择行为有显著影响,在此基础上确定了影响停车寻位时间的特性变量,并建立了停车寻位时间多项 Logit 模型。

　　综合以上研究发现,对于停车选择行为的研究仍然以多项 Logit 模型为主,分别从停车费用、时间、步行距离、有无诱导信息等方面考察驾驶人停车选择行为。但由于先前的研究几乎不涉及共享停车问题,因此,现有成果中尚没有从停车场类型、周边路况以及共享信息中空余泊位数量等角度研究停车选择行为。

1.3.2　关于城市停车管理问题的研究

　　关于停车管理,国内学者主要从停车政策和费用角度出发进行研究。董苏华(2001)从停车政策角度探讨了如何减少和避免停车拥挤的问题;刘学军(2005)从收费政策角度探讨了停车需求管理补偿交通拥挤的外部成本及停车的社会成本,削减交通量、缓解交通拥挤的机理和效果。另外,也有学者从车辆进出车位的角度和位置研究泊车轨迹问题,从而达到节省停车空间的目的(张明会等,2015)。国外学者 Daniel G C(2014)在 2011—2012 年间通过对旧金山 13400 多辆车辆在一定区域的动态价格范围内的停车行为研究发现,停车价格与区域的停车位空置率没有直接关系,包括停放时间、泊位周转率等也没有太大影响,这表明通过停车收费控制停车选择的方法未必有效。随着博弈论在交通领域的应用,一些学者也开始引入博弈论研究如何实现停车资源合理利用问题,例如朱成娟(2015)从政府对停车位管理角度引入博弈模型研究停车位的分配与定价问题;张卫华(2012)从不同利益群体的收益均衡角度研究停车场规划博弈模型。

　　根据博弈论基本原理,如果一个系统内部存在着多个目标互不相同的参与者,就可以引入博弈论对其各方的行为进行研究。但是从以上停车管理成果的分析发现,现有成果主要是从停车收费政策管理、停车场定价角度入手研究如何实现停车资源的有效利用。博弈论的引入也只是用来研究政府和停车场运营商在停车位分配与定价问题上的博弈,或者用来研究停车场规划中出行者、政府和投资方之间的收益博弈。而不是从停车资源均衡利用的角度出发研究现有资源的有效利用问题,更没有研究驾驶人、停车资源供应者和管理系统之间的博弈行为,对于日常出行中驾驶人停车选择的现实问题缺乏有效的分析。

1.3.3　关于停车位共享需求预测的研究

关于共享停车问题,国内外学者分别从政策、土地利用、停车价格杠杆等角度对停车位需求预测模型进行了研究(Guo Zhan,2013)。例如 Howard S Stein(1997)基于波特兰市区的停车状况建立了停车位共享模型;美国康涅狄格州哈特福特(2002)、加利福尼亚州利弗莫尔(2005,2006)和美国环保署(2006)等部门组织编写了停车位共享的专题报告;David A Hensher 等(2001)通过对悉尼城市中心城区停车供需、收费标准和地域敏感性的研究,认为停车收费对于停车需求具有相当的敏感性。国内学者肖飞等(2009)基于共享停车理论研究了适合于混合用地共享停车的需求预测模型和方法;苏靖等(2013)定义了泊位共享效用指数,用于衡量混合用地条件下共享停车需求组合的效率问题;代澧川等(2010)研究了综合开发地块停车位规模的共享停车需求预测模型;牟振华(2007)也指出共享停车策略可以降低城市土地使用量;郭佳慧等(2016)通过对中心城区停车需求的经济、土地、交通的特征分析,提出一种基于 BP 神经网络的停车需求预测模型。朱家友等(2016)提出一种基于主成分分析法的停车需求预测方法;石金霞(2016)引入高峰小时修正系数和停车管理政策调整系数,建立了适用于中小城市中心区的停车需求预测模型。

综合以上研究发现,国外对于共享停车理论的研究主要是基于一定的调研数据,研究混合用地模式下的停车场规划与设计问题,而国内则主要是综合用地条件下共享需求预测方法的理论研究。由于没有将居住区停车位纳入共享范围,因此没有考虑居住区停车场的对外共享服务能力以及有居住区参与后对配建停车场停车位需求方面的影响。在土地资源稀缺的大中城市中,研究居住区停车位共享对停车资源配置的影响有着重要的现实意义。

1.3.4　关于居住区共享停车方面的研究

随着近些年城市停车矛盾日益突出,更多学者开始了居住区共享停车问题的研究。陈永茂等(2016)分析了不同类型建筑物配建停车位的利用规律,指出居住类停车场具有较高的共享可能性;刘斌等(2011)做出了停车需求高峰不同土地类型间的共享停车可行性的初步判断,认为居住用地与办公、商业、科研院所、公园和医疗等用地具备停车需求高峰错时停车的基础。戴黎琛(2013)探讨了居住区推行共享停车应采取的措施和手段;李菲(2012)从城市共享停车管理的理论、技术和实施等角度论证了居住区参与共享停车的可行性;于晓桦等

(2012)通过对上海市居住区停车调查数据的分析,提出在居住区内可实行错时停车策略;段满珍等以停车问题最为突出的医疗机构为例(段满珍,轧红颖等,2013),研究了与毗邻居住区开展共享停车的策略(段满珍,米雪玉等,2016),探讨了居住区出入口两侧停车的安全隐患问题(Duan Manzhen et al,2013),并对居住区停车需求预测方法进行了研究(段满珍,陈光等,2016),针对独立私家车位共享停车实施的技术难题,发明了共享型智能车位锁(段满珍,张林等,2015),表明在停车资源受限条件下开展居住区共享停车是缓解现有停车矛盾的最佳途径(段满珍,杨兆升等,2015)。潘婷婷(2012)在对济南居住小区调研数据基础上建立了对外共享的效益数学模型,但是由于只调查了一个小区,建立了简单的期望值函数,未涉及相关参数的标定,而且要逐次求解各个时段的服务能力,导致模型的准确性和实用性较差;另外,采用最大效益的形式计算对外服务能力,缺乏对居住区服务能力的综合考评,意味着每个居住区的服务能力都需单独计算。国外的 Jos(2014)和 Inga(2013)等虽然也提出居住区停车场利用和停车位共享问题,但是并未涉及共享实施的具体研究。

综合上述研究发现,关于居住区共享停车方面的研究大多处于初级阶段,主要集中在对居住区停车位利用特性方面的分析和根据不同类型停车位的使用规律研究居住区停车位参与共享停车的设想。但是关于居住区停车位对外共享服务能力的评估,以及具体如何实施的理论和技术层面的研究很少。

以上关于停车问题的研究表明,关于共享停车问题的研究存在如下问题。

(1)现有成果主要是围绕除居住区以外的其他类型土地间停车设施配建、综合土地利用中停车场设计与规划以及停车位需求预测的研究。因此,停车选择行为的研究也并未将居住区停车位的影响因素纳入其中。

(2)对于居住区停车位的共享大多处于设想和推测可行阶段,对于具体能否共享的问题缺乏系统论证。

(3)居住区停车位对外共享的服务能力和共享服务的价值研究基本空白,潘婷婷基于一个小区的调研虽然提出了共享效益模型,但仍无法有力论证居住区停车位的对外共享能力和研究发展潜力。

(4)居住区停车位参与共享停车后对现有体系的影响和各方行为的变化缺乏系统研究,虽有学者引入博弈论对停车选择博弈进行研究,但都是从政府投资与停车收费定价问题的角度进行,关于停车选择的实际参与者的驾驶人行为和停车位提供者行为以及发挥重要作用的停车管理信息平台的作用尚无具体研究。

(5)居住区能否参与共享停车的问题尚存一些争议,关键问题在于缺乏系统的可行性研究、实施的技术和理论基础以及强有力的政策支持。因此,居住区共享停车的诱导技术、有效泊位的预测算法、停车位分配的方法等关键技术问题等都有待于深入细致的研究。

　　根据以上研究发现的问题,确立本书的研究重点是从居住区停车位对外共享的可行性研究开始,研究居住区停车场的共享服务能力,共享博弈行为分析和共享后区域范围停车位的分配方法等基础理论,为居住区共享停车诱导技术、有效泊位预测算法等问题的研究奠定了理论基础,为进一步推进居住区共享停车的实施提供了理论依据。

　　根据现有停车诱导方式存在的问题研究新型诱导方式,构建该诱导方式下的共享停车技术服务框架,在共享框架之下,研究实施居住区共享停车的关键问题。首先研究其服务能力大小,在充分肯定其研究价值的基础上进一步探讨共享实施中的具体问题。根据共享停车可能涉及的共享停车的步行距离、共享停车场类型及周边环境、共享信息中停车泊位数量和费用等问题,结合共享停车调研分析结果,研究驾驶人停车选择的敏感要素,研究共享停车选择的 Logit 模型。将博弈论理论和共享停车理论相结合,研究有效信息诱导下的停车选择博弈过程,重点分析停车选择的主要参与者——驾驶人、共享管理平台和停车位供应者之间的博弈,研究现有政策条件下的停车资源有效利用问题。将居住区停车位纳入共享停车范畴,假设在一定的政策支持和管理壁垒消除条件下,研究使停车资源有效利用的停车场协调控制分配模型和算法。通过对共享诱导框架系统下,实现居住区共享停车核心问题的研究,以期利用现有资源有效缓解城市停车问题。

2　面向个体需求的共享停车管理系统框架及核心问题分析

　　居住区停车位因其特殊的时间需求特性成为最有潜力的对外共享服务对象,但是居住区停车位参与城市停车共享服务同样需要功能强大的管理信息系统的支撑。因此,本章主要介绍共享停车管理信息系统平台的功能需求。

　　在城市共享停车管理过程中,对停车管理系统运行状态及运行结果产生影响的交通参与者主要有共享停车管理信息系统平台、驾驶人、公共停车场和其他停车位供应者(如居住区停车位供应者)。共享停车管理信息系统平台(下文简称为"共享平台")作为城市停车管理方负责接收各种停车场的停车位信息,同时负责停车方案制定和信息发布,处于停车管理者的位置,管理的目的是实现城市整体停车效果最佳,维持良好的停车秩序。公共停车场和其他停车位供应者主要提供停车位资源,服务驾驶人。而路网中的各类驾驶人因其目标一致,被视为一个参与者,下文所指驾驶人即为有意向停车的驾驶员。因此,在共享停车选择博弈过程中,至少存在着相互影响、密切相关的三个主要参与者——共享平台、停车位供应者和驾驶人。本章主要是基于共享停车选择的参与者需求进行共享停车管理信息系统平台功能框架的设计。

2.1　群体式停车诱导的不足与个性化诱导需求的提出

　　根据智能交通理论中分布式诱导(倪钲,2016)和中心式诱导(龚勃文,2010)的思想,将现有的以 VMS(variable message signs,可变消息标志)方式发布停车位信息的停车诱导方式定义为面向大众的群体式诱导(段满珍,杨兆升等,2017),此种诱导方式信息发布的原理是只针对单个的停车场利用情况对外发布空闲泊位信息,没有考虑路网中可能存在的停车需求。因此,其停车诱导的弊端是容易导致高峰期大量车辆驶向同一停车场,加剧停车拥堵,增加车辆绕行和排队时间。基于此种情况,本书提出面向个体需求的个性化停车诱导方式。

受中心式诱导思想的启发,假设个性化停车诱导是以一定区域范围内所有停车设施的利用情况为停车分配方案计算的基础,对一定区域范围内路网中所有停车需求进行实时优化,从而为每位提出停车申请的驾驶人提供合适的停车选择方案,再通过信息网络发布给终端驾驶人,当驾驶人接收到适合自己的若干可选方案时,根据各方案参考信息和个人对方案的感知情况进行停车方案选择。为保证系统计算的准确性,假设接受方案的驾驶人以预付车费的形式预约停车位,并将此信息反馈给系统,此反馈的结果作为系统下一周期重新分配的基础。个性化停车诱导属于智能交通诱导系统的一部分,当驾驶人选择某一方案后,系统会进一步引导驾驶人按照合理的行驶路线驶向所选停车场。该种停车诱导方式可以克服群体式诱导忽略路网中停车需求而单纯发布信息、加剧高峰停车拥堵的不足,是"互联网＋"时代智能停车诱导发展的必然趋势。

2.2 个性化停车诱导的定义和服务流程

2.2.1 个性化停车诱导的定义

所谓个性化停车诱导是指利用移动终端 App 等便利的信息交互方式,为驾驶人提供面向个体需求信息的一种智能化停车诱导形式,服务信息包括目的地周边可选方案的停车场名称、位置、收费标准,预计行程时间,预计空闲停车位数,停车后步行距离等(段满珍,杨兆升,张林等,2017)。面向驾驶人个体需求的个性化停车诱导属于智能交通诱导系统的一部分,当驾驶人提供出行目的地信息后,共享平台通过空闲停车位预测和均衡协调计算,能够为驾驶人提供目的地周边的实时停车位信息,引导驾驶人快速有效停车,缩短寻泊时间。当目的地停车场进入高峰期时,共享平台能够为驾驶人提供共享停车方案。如果共享方案中的停车位是居住区停车场或者独立的私家车位,还会提供附带的停车时间限制条件或简要违约说明等信息,目的是方便驾驶人进行停车方案选择。

本书研究的居住区停车位共享条件下的个性化停车诱导服务除满足驾驶人个体停车需求外,还应考虑城市整体的停车管理效果。共享平台协调计算的目的在于满足驾驶人个性化停车需求的同时,兼顾区域范围内停车设施的均衡协调利用,避免停车高峰期群体式停车诱导导致的局部拥堵问题。

2.2.2 个性化停车诱导的服务流程

个性化停车诱导服务流程(段满珍,杨兆升等,2016)如下所示(图 2.1)。

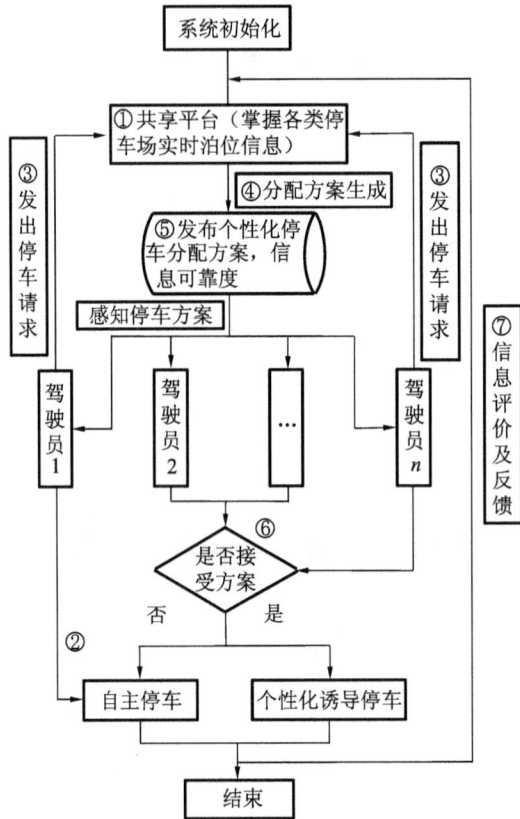

图 2.1 个性化共享停车诱导服务流程

(1)共享平台实时采集各停车场空闲停车位信息,并利用历史数据对各停车场泊位状态变化趋势进行预测。

(2)当驾驶人不发出任何诱导请求时,为自主停车(或按照路侧诱导信息停车)。

(3)驾驶人输入出行目的地,发出诱导请求的同时,允许给出可接受的停车后步行距离限制条件(如 300m)。

(4)共享平台根据驾驶人停车请求,首先判断预计抵达时间是否处于停车高峰期,除考虑驾驶人步行距离等停车选择关键要素外,对于高峰期抵达车辆,还应从均衡利用停车位资源、避免局部停车拥堵的角度进行协调控制计算。给出目的地周边一定范围的空闲停车位信息,如停车场名称、位置、收费标准,以及根据历史停车位利用信息预测的抵达时间(指由智能诱导系统提供的预计行程终止时间)空闲停车位数等参考信息。

(5)为帮助驾驶人对诱导方案做出正确选择,可提供历史诱导信息可靠度参考指标,以便驾驶人根据各方案的可靠度进行停车选择。

(6)驾驶人是否愿意接受诱导方案。当不接受时仍属于自主停车;接受诱导方案时,即为个性化诱导停车。

(7)驾驶人对诱导信息质量作出评价,反馈到共享平台。

2.3　个性化停车诱导系统的功能需求

面向驾驶人个体需求的共享停车管理系统平台是智能交通系统的一部分,其主要目的是帮助驾驶人分析出行目的地周边停车场利用情况,帮助驾驶人选择最佳的停车场所。因此,共享平台一方面要采集来自各类停车场所的泊位状态信息;另一方面要接收来自驾驶人的停车需求信息。通过对历史停车位利用规律的分析,在一定的协调控制原则基础上,进行停车位预测和停车方案分配,然后进行信息发布。共享平台在进行停车方案分配时既要考虑驾驶人的个体需求,又要兼顾城市整体的停车效果,避免局部停车拥堵的情况发生。

具体功能需求如下所示。

(1)共享平台的功能需求:获取共享范围内各类停车场实时泊位状态信息(时间、停车场名称、空闲停车位数等)和气象信息,调用各停车场历史停车位利用数据(即下文的停车场管理子系统数据),以便通过加载的预测算法对当前气象条件下的停车位利用情况进行可靠的预测;将实时接收的驾驶人停车申请按照智能交通系统对其预测的预计抵达停车场时间进行分时段汇总;与预测的该停车场相应时间的有效空闲停车位信息进行对比分析,对处于停车高峰期和平峰期的停车方案按照相应的分配原则(停车高峰期:参考第 5 章兼顾城市停车管理效果和用户个体需求的博弈分配原则;平峰期:用户最优)进行停车方案协调计算;通过各种终端设备向驾驶人进行停车服务信息发布(例如通过 App 推送若干停车场选择方案,包括停车场名称、形式、地点、周边条件、预计抵达时间和预测有效空闲停车位数等)。

(2)各停车场管理子系统功能需求:负责采集该停车场的车辆进出信息、空闲停车位信息;统计分析并存储相关的停车位利用及车辆停放特性信息;并对不同气象条件、节假日等特定时期的停车位利用情况分别统计分析。关于停车特性及停车位利用的统计分析,除对停车时间、泊位周转率、泊位利用率、高峰停放指数等常规停车指标进行计算外,还需要对车辆进出高峰时间、泊位利用高峰时间等进行考察。

(3)居住区停车场共享管理子系统:除(2)中停车场子系统功能外,还应具备业主信息及业主车辆信息存储,受理业主停车预约及优先停车位分配的功能;为实施共享,应具备对外来车辆的信誉档案管理功能,制定共享冲突协调机制及信誉不良车辆的惩罚机制(如阶梯计费或拒绝共享等)等规章制度。此外,共享平台还应考虑如何加载个别需要参加共享的私家车位的技术问题。

(4)驾驶人终端 App 子系统:满足驾驶人进行有效空闲泊位查询、停车方案选择及信息上报功能。考虑可能有驾驶人需要将自身的空闲停车位对外共享(如安装了共享智能车位锁),可提供停车位共享信息发布功能。

2.4 个性化停车诱导系统物理框架

为保证个性化停车诱导模型的有效实施,设计个性化停车诱导系统物理框架(图 2.2)。在个性化停车诱导管理中,在共享平台上运行停车场协调控制计算相关程序,同时将区域内各停车场管理子系统通过网络与该平台相连。各停车场管理子系统的数据管理中心负责把实时停车位信息以格式化的数据存储在共享平台上;共享平台根据各停车场上传的数据及时汇总分析,进行空闲停车位预测;当接到用户的诱导请求时,根据道路交通流数据进行行程时间预测,然后根据行程时间和预计到达的车辆数进行各停车场停车位利用均衡计算,重新分配停车方案,给出驾驶人可接受步行距离范围内的备选停车方案,最后发布信息,供用户选择。

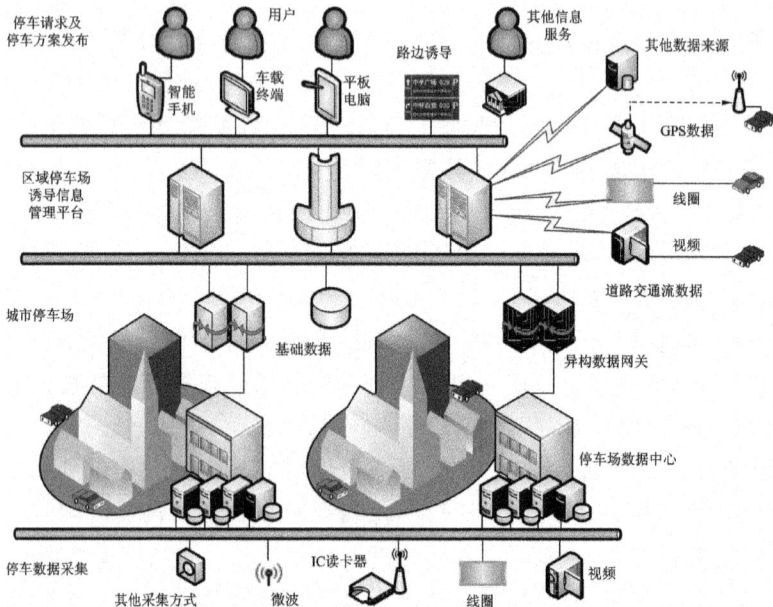

图 2.2 个性化停车诱导系统物理框架

2.5　个性化停车诱导服务平台的主要功能

为满足上述共享停车的要求,共享停车管理系统一般至少由共享平台中心管理系统、停车场管理子系统、用户终端 App 系统构成。其中,共享平台具备停车场空闲停车位预测、导入智能交通系统的行程时间预测信息、停车位分配均衡计算以及停车方案信息发布等功能。

2.5.1　共享平台中心管理系统

为保证城市整体停车管理的效果,避免局部停车拥堵,尤其是节假日或者大型活动等特殊情况的停车有序化,共享平台中心管理系统需要担负起各停车场的协调任务,制定共享停车管理策略,提供准确及时的停车位信息。既要接收各个停车场的动态信息,又要接收驾驶人的停车请求信息。对上传的停车数据进行大量的统计分析,了解各停车场每个时段的停车负荷和停车位利用特性,根据接收到的驾驶人停车诱导请求,结合停车场车位利用的历史数据分析结果(停车位利用规律),在考虑各停车场停车位均衡有效利用的基础上,分别为每位驾驶人提供可行的停车场分配方案。此外,还需要根据服务平台中数据协调分析的需求完成行程时间计算、空闲停车位预测、信息发布等工作。具体功能如下。

(1)空闲停车位预测。

根据各停车场上传的统计分析结果进行空闲停车位预测。加载预测算法,以连续的具有相同日历天的停车位利用历史数据为基础,进行停车位利用的时间变化周期预测。即预测未来某时刻该停车场的空闲停车位数,或预计驾驶人抵达停车场时刻的空闲停车位数,为共享平台进行停车位均衡分配提供数据基础。

(2)行程时间导入。

共享平台接到停车申请之后,进行停车方案分配的基础是未来时刻各停车场的预测有效空闲泊位数,因此,首先需要知道驾驶人预计多长时间到达停车场。即共享平台需要导入智能交通诱导系统的行程时间预测结果。

智能交通诱导系统与共享平台之间能够进行有效的信息传输,智能交通诱导系统根据道路交通流信息、道路里程、历史行程时间和驾驶人客户端数据(主要是驾驶人停车请求数据和反馈的停车位利用数据,包括发出请求的位置、出行目的地、可接受的停车后步行距离等)信息,对驾驶人预计抵达备选停车场的行程时间进行计算,并将预测的行程时间实时传输给共享平台,满足个性化诱导平台根据预计的行程时间预测未来某时刻停车场泊位分配方案的需要。因此,该部分的主要功能是导入智能交通诱导系统的行程时间预测结果。

(3)停车方案均衡计算。

共享平台的功能主要是通过加载停车场分配模型和优化算法程序(参考第5章),进行停车场均衡利用协调计算。在满足驾驶人停车后步行距离限制的条件下,同时考虑各停车场停车位资源利用的均衡问题(减少局部停车集聚或拥堵),进行大规模协调计算,为提出请求的驾驶人提供备选停车方案。

(4)共享信息发布。

共享平台信息发布功能是指通过手机、掌上电脑等移动通信终端 App 向驾驶人发送停车位信息,从而影响驾驶人的停车选择。主要功能是将系统生成的停车方案传递给发布申请的驾驶人,发布信息的内容一般应包括以下几方面,如表 2.1 所示。

表2.1 　　　　　　　 个性化停车诱导服务信息示例

优选方案排序	方案 1	方案 2	⋯
停车场名称	*	*	
停车后步行距离/m	*	*	
预计行程时间/min	*	*	
预计空闲停车位数/个	*	*	
可靠度/%	*	*	
收费标准/(元/h)	*	*	

注:表中 * 表示省略掉的具体信息。

上述模块中的空闲停车位预测模块主要是利用历史数据和有效的停车位预测算法进行停车场空闲停车位数预测,然后由停车方案协调计算模块根据接收到的停车请求在一定的均衡利用原则下进行整体的协调计算,分别给出驾驶人相应的停车备选方案,最后通过信息发布系统发布。

2.5.2　停车场管理子系统

停车场管理子系统是共享停车管理系统的重要组成部分,其主要功能是停车数据采集和存储、数据统计分析、停车位预测和信息上报功能。

数据采集和存储:该平台主要采集进入停车场的停车数据,包括车牌号、车辆类型、车辆驶入时间、驶出时间、空闲停车位数等。通过部署在停车场出入口及停车场内部的数据采集设备(如感应线圈、视频装置或微波检测器等)完成数据采集。采集的停车数据首先由各停车场管理子系统进行初步的分类汇总,定期存储到数据中心的数据库中。为保证空闲停车位预测数据的准确,还需考虑天气和日历天的影响。共享平台进行系统分析时需要一些相关的基础数据作为支撑:①天气、日历天;②停车设施基础数据:停车场位置、停车场类型、停车场停车位数和进出口位置,高峰时间段、历史空闲停车位数变化情况,收费标准。

统计分析:停车位利用受工作、生活等作息习惯的影响而具有一定的规律,但同时受停车场位置、周边交通、停车位类型、收费标准、天气变化等多种因素的影响。因此,为保证停车位供应情况预测的准确性,停车场管理子系统需要从不同角度对历史停车数据进行详细的统计分析。

(1)分别按日历周以及日历天不同时段进行统计。

停车位利用与日常工作需求、生活出行直接相关,但同一停车场一周内的每一天停车位利用情况会有所差异,如医院、学校、写字楼等办公场所在工作日停车需求大;而商业、餐饮、娱乐健身等场所的停车需求高峰则主要在非工作日或非工作时间,即使对于相同的工作日,医院、购物、餐饮等场所也会有不同的表现。因此,停车场管理子系统需从不同角度对历史停车数据进行详细的统计分析,既包括日历周的每一天停车位利用变化曲线,又包括日历天中的不同时段停车位利用变化规律。统计一定时期内(如最近两个月)正常天气下周一至周日的停车位利用变化曲线;统计一定时期内具有相同日历天的不同时段车辆出行特性,应包括以下关系曲线:①每时段车辆进、出时间关系曲线(图2.3),表明车辆到达、离开停车场的时间与数量关系,可以明显表达车辆到达、离开的高峰时间。②停车场停车位利用关系曲线(图2.4),表明停车场停车位利用情况,显示了停车位的需求高峰;通过这两个关系图主要分析停车场的停车位利用高

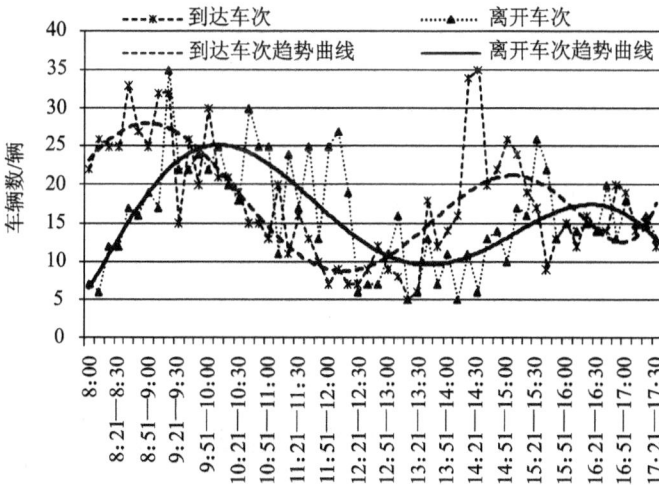

图2.3 车辆进、出时间数量关系曲线

峰时段、可共享时段、车辆到达高峰时段、车辆离开高峰时段等信息。③停放车辆数与停放时间关系曲线(图 2.5),表明车辆停放时间与停车位利用关系。④车辆停放时间累积曲线(图 2.6),表明停车场停车位利用的时间累积关系;这两条曲线主要用于分析停车位利用和周转情况。⑤短时停放车辆比率时序图(图 2.7)等。调查显示,短时停车主要有以下原因:进入停车场后因找不到车位而离开、因收费或收费标准过高离开、短时处理事宜或接送客等。尤其是停车高峰期大多是因寻找不到停车位而离开,因此短时停车曲线可以在一定程度上预测高峰期超额停车位需求情况。如图 2.7 所示,为方便分析,用虚线表示数据曲线,生成了对应的数据趋势曲线——实线图。从实线图中清楚地看出短时车辆数呈现明显的上、下午两个高峰时段,与前面的停车高峰时段基本吻合,再次证明停车高峰期有许多车辆因找不到车位而离开的事实。

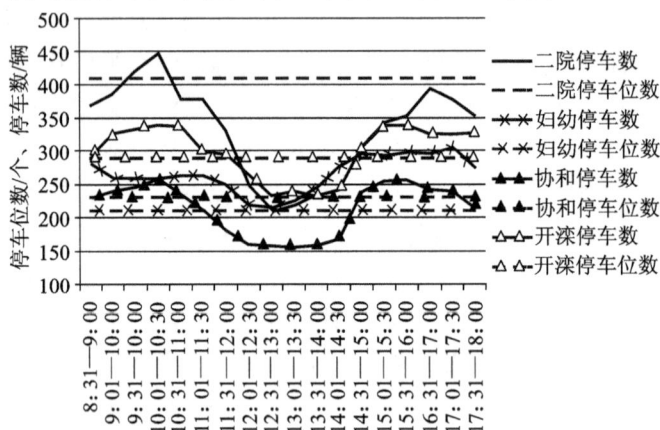

图 2.4　停车位需求时序图

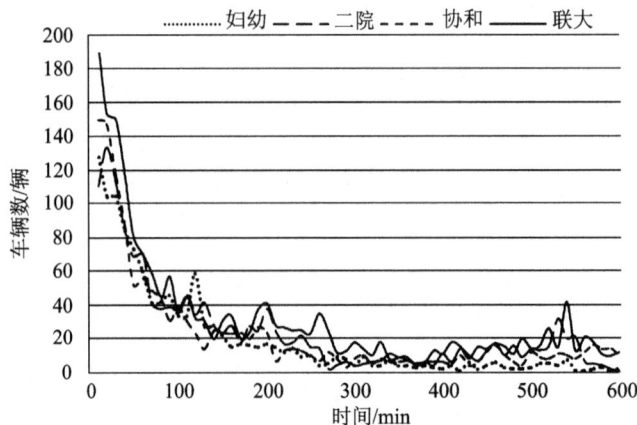

图 2.5　停放车辆数与时间关系曲线

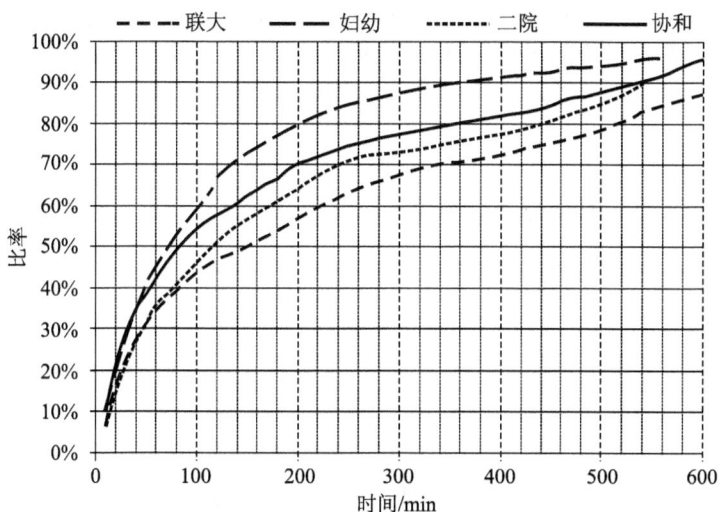

图 2.6 车辆停放时间累积曲线

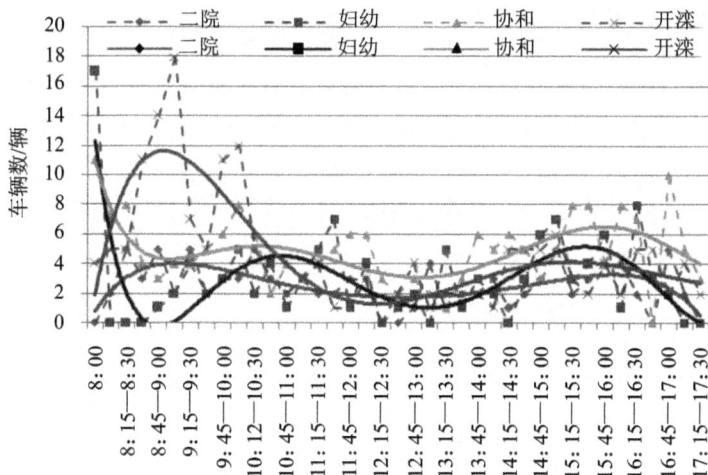

图 2.7 短时停放车辆比率

通过这些时序图,可以详细了解该停车场的停车位利用情况或需求规律,预测停车场在不同季节、不同日历周及每一日历天不同时段的停车位利用情况。

(2)天气影响:休闲娱乐、餐饮、购物等非固定出行一定程度上受天气影响较大。因此,停车位利用情况也需要考察天气影响,与同期内正常天气相同日历周的数据进行对比,可预测天气影响系数。

(3)节假日等特殊日的影响:节假日的出行情况比较特殊,需单独考虑。一般节假日停车矛盾主要集中在餐饮、购物、休闲娱乐等场所。因此,需要对历史节假日的停车数据单独统计分析,作为近期假日停车位供应预测数据。

信息上报:将停车场实时停车位利用数据和空闲停车位预测数据上传到共享平台。

2.5.3 居住区停车位共享管理子系统

我国各城市目前的停车位管理形式主要有物业公司集中管理、停车管理公司集中管理、共享共用等。只要协调好各方利益关系,完全可以实现居住区停车位共享。居住区停车位共享管理子系统的功能主要是实现业主停车位的对外共享,因此,需要在记录业主停车位空闲信息的情况下完成对外共享管理。记录的信息包括业主联系方式信息、停车位空闲信息、收费标准。另外,作为共享管理方,需制定统一的违规停车惩罚制度,用于协调违规车主与业主之间的矛盾和冲突。该子系统还包括一些辅助功能,如业主信息变更、共享车辆信誉记录等,尤其是临时性的停车位空闲时间变更。

对于无统一管理的私家车位,共享平台设计通过终端 App 加载停车位信息的接口,允许私家车位单独参与共享。私家车主可利用手机 App 等终端对外发布停车位出租或共享信息,同样需要提供停车位位置及空闲时间信息、收费标准和违规惩罚机制等信息。为保证运行安全,通常需要停车位出租的业主方向管理平台进行身份认证,提供相应的联系方式方可进行信息发布。

居住区停车位共享管理子系统与停车场管理子系统一样,同样具备实时停车位利用信息采集、信息上报等功能。

2.5.4 终端 App 子系统

终端 App 子系统(陈新海等,2016)是用户用于停车位信息查询(停车位需求者)、发布停车位对外共享信息(停车位供应者)及相关服务的软件系统,该子系统具备停车申请功能、停车方案信息接收功能、信息反馈功能、停车位预订及停车付费功能,空闲停车位信息发布功能等。该系统需要与手机地图的相关功能结合,如定位及导航功能等(容煜伦等,2016)。当用户发出申请,接收到共享平台发布的停车方案,进行选择后可采用预付车费的形式进行车位预约,此预约信息即刻返回系统平台,同时用户可进行可靠度评价,获取评价积分。

2.5.5 共享信息融合子系统

停车位共享中涉及多源信息的融合。为实现实时动态信息的传递和特定的移动诱导功能,系统收集的各种停车信息、气象信息、道路实况信息、移动通信信息、历史信息和停车场属性信息等的合成,都需要通过进行时间对比校正和合成分析,同时对不准确的或无效的信息进行剔除或补充校准处理,以保证对停车位利用情况进行准确预测,为驾驶人提供准确的停车位预测信息。

多源信息的融合是进行数据统计分析和自动处理的关键,同时,为了保证实时动态信息的准确,需要信息融合子系统能够在停车场数据更新时定期更新,动态记录、校准、评估和融合。

2.5.6 共享协作子系统

共享平台运行过程中需要各个子系统的协调配合才能完成,包括共享协议支持、安全协议、报警处理、冲突消解、信用记录等。具备故障协调处理功能、事故报警功能、高峰预警功能等。

共享平台中心管理系统不断接收来自各个停车场子系统的动态停车位信息,利用知识库、方法库和模型库中的方法和模型进行数据统计分析和停车位预测,与其他子系统进行有效信息传递。通过各子系统之间的协调配合,为驾驶人提供有效的停车场分配方案和参考信息,达到协调和平衡停车设施利用,缩短寻泊时间,减少乱停车或违章占道停车等行为的目的。

2.6 个性化共享停车诱导服务框架的核心问题

基于以上个性化共享停车诱导服务的思想,对服务框架之下的核心问题进行研究。由于居住区停车位能否实施对外共享的问题尚存一些争议,因此本书从居住区停车位对外共享的可行性论证入手,研究其对外共享的服务能力,在肯定其潜在的服务能力之后,进一步分析居住区参与共享停车后对驾驶人停车选择过程的影响。因此,研究的核心问题之一为居住区停车位对外共享的服务能力。另外,由于共享停车系统内部各参与者之间存在一定的利益冲突,居住区停车位参与后更是加剧了系统的复杂性,因此,需要引入博弈论对系统内部的博弈行为进行分析,再根据分析结果进一步研究推动共享停车实施的技术方案。因此,本书核心问题确定的依据是居住区停车位参与共享后对系统要素行为和功能的影响,从而最终确定面向个体需求的共享停车管理系统框架之下的核心问题(图 2.8)。

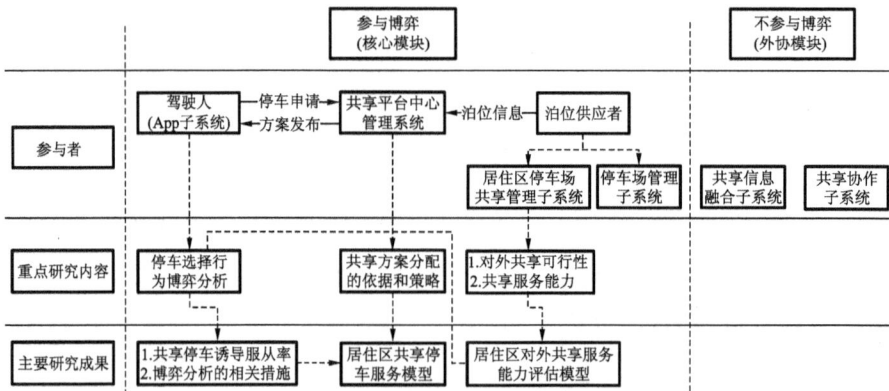

图 2.8　个性化共享停车诱导服务框架的核心问题

2.6.1　居住区停车位对外共享可行性及服务能力评估

关于城市不同类型用地间共享停车问题的研究虽然早已开展,但是国外很少有将居住区停车纳入共享停车范畴的研究。而国内由于居住区停车位的特殊归权问题,先前的共享停车研究也基本将其排除在外,大多只是考虑其他用地类型间的停车场共享共用。但是从目前的停车发展趋势来看,用于缓解城市停车问题的土地资源利用逐渐紧缩,抑制性停车措施的实施也必不可少,在此种现状之下,唯有将居住区停车资源纳入共享停车范畴似乎才是缓解城市停车矛盾的最佳选择。

因此,本书首先需要从居住区停车位与其他类型停车设施的时间利用特性角度考察其对外共享的可行性,在此基础上进一步考察人们的共享意愿,以此为基础讨论居住区对外共享的可行性。除此之外,还要研究居住区停车位对外共享的服务能力问题,假如居住区对外的服务能力不大,意味着共享实施的研究没有必要,只有当其对外服务能力较大的情况下才值得深入研究。

2.6.2　居住区停车位对外共享条件下的停车选择行为博弈分析

根据博弈论基本原理,在一个系统内部如果存在目标不相一致的多个参与者时,可用博弈论对其相互之间的行为进行分析。对于有居住区参与的共享停车管理系统,驾驶人、停车位供应者(包括公共停车场、居住区停车场或者单独的参与共享的私家泊位供应者)和共享平台之间都分别从自身的角度出发,考虑自身的利益参与共享停车活动。其中,驾驶人停车选择的目标可能是步行距离最短、停车费用最省或者停车方便等能提高个人感知效益的因素;停车位供应者可能从收费角度考虑,希望停车场的收益最高,当然如果是居住区停车位则应是不影响业主自身使用条件下的收益最大化;而对于作为城市停车管理者身份出现的共享平台,其管理的目的是使得区域范围的停车资源尽可能均衡利用,减少局部停车拥堵,使城市范围的停车有序,实现良好的停车秩序。

根据以上初步分析,共享停车系统内部各参与者之间的目标不太一致,因此可以引入博弈论对其系统内部各参与者的博弈行为进行分析。本书从个性化停车诱导服务的角度出发,分析可能存在的博弈参与者,考虑各参与者在停车选择过程中的活动行为和可能存在的博弈关系、博弈类型、博弈的收益函数,以量化的形式表示各种博弈关系,提出相应的管理策略或建议,为城市停车管理及未来实施共享停车提供理论依据。

2.6.3　基于停车选择行为博弈的居住区共享停车服务模型

个性化诱导下的居住区共享停车模式是为了弥补群体式诱导容易导致高峰拥堵的不足而提出的一种新型诱导方式,它以驾驶人的 App 终端接收个性化停车方案信息,以预付费信誉作为驾驶人停车方案选择的基础。居住区停车位的参与在为社会提供丰富停车资源的同时,也使停车管理系统功能复杂化。因此,本书以共享平台停车管理目标和驾驶人停车选择目标分别作为博弈双方的目标函数,以共享停车资源和驾驶人方案选择原则为约束条件,建立居住区共享停车选择的双层规划博弈模型,研究模型的求解算法,为实施居住区共享停车提供协调均衡计算理论模型。

2.7　本章小结

本章通过定义个性化停车诱导概念和其服务流程,介绍了个性化停车诱导的思想,同时设计了个性化停车诱导系统物理框架和系统平台的主要功能,对共享平台框架下的核心问题进行了分析,提出下文的主要研究内容和研究目标,为实施居住区共享停车提供理论基础和技术支撑。

3 居住区停车位对外共享可行性及服务能力评估

居住区停车位对外共享,首先应具备对外共享的基本条件,然后才能在一定的技术基础和适当的管理措施之下实施。因此,本章首先从居住区停车位与其他类型停车位在时间利用方面的互补性和居民的对外共享意愿两方面研究实施共享的可行性,然后在两项专项调查的基础上对居住区停车位的对外共享服务能力进行研究,考察居住区停车位对外共享的服务价值。

3.1 居住区停车位类型

停车位共享是指具有不同属性的相邻土地间共用停车场地,以降低单独使用的总量的一种手段(李全,2011)。通过共享可以最大化地利用城市现有的停车位,缓解机动车增加带来的停车难问题,进而缓解停车难带来的中心城区交通拥堵现象。

从我国停车位归属和居住区类型关系,可以将居住区停车位分为以下几种主要形式。

(1)早期开放型居住区。这些居住区大多不设私家车位,以地上停车空间为主,居民之间共享停车位,但是当今停车位紧张的局面,出现许多私装地锁、霸占停车空间的现象。

(2)新建的开放型居住区。除路侧等部分共用的地上停车位外,通常配建有地下停车场,以出租或出售的形式供业主使用,也有物业或经营性公司统一负责管理的形式。

(3)封闭型居住区。小区与外围设有物理隔断,采用封闭式管理,内部的地上停车位和地下停车场大多以出租或出售的形式,由物业或经营性公司统一管理。

综上,我国城市居住区停车位主要的管理形式有物业公司管理、经营性公司管理、居民共享共用等。

3.2 居住区停车位对外共享可行性分析

居住区停车位能否对外实施共享,有许多需要考虑的因素,比如居住区停车位与其他停车位在停车位利用方面是否具有时间上的互补性,建筑物或停车场之间的位置是否临近(决定停车后步行距离的远近),居住区停车场或者停车位的设计是否方便对外共享,驾驶人是否愿意去居住区共享或者车位拥有者是否愿意对外共享。下文针对居住区停车位对外共享的两个基本要素进行分析。

3.2.1 对外共享的时间可行性分析

从人们的日常工作、生活以及就医、访友等习性上看,居住区停车位利用主要取决于居民早出晚归的生活习性,直观上表现为夜间拥挤、日间闲置的宏观特性。而办公、商业、医疗等建筑物配建停车场的利用则与其大致相反。刘斌等(2011)的研究表明,居住区停车位与其他停车位利用存在时间上的互补性,其互补关系见表 3.1。

表 3.1 　　　　不同用地类型间停车位利用在时间上的互补性

用地类型	住宅类	办公类	科研院所类	商场类	公园类	宾馆饭店类	医院类
住宅类	—	◎	◎	◎	◎	×	◎
办公类	◎	—	×	×	×	◎	×
科研院所类	◎	×	—	×	×	◎	×
商场类	◎	×	×	—	×	◎	×
公园类	◎	×	×	×	—	◎	×
宾馆饭店类	×	◎	◎	◎	◎	—	◎
医院类	◎	×	×	×	×	◎	—

注:◎表示可以共享,×表示不能共享。

从表 3.1 中看出,上述用地类型中,住宅类、宾馆饭店类和其他类型的建筑物停车位在时间利用方面的互补性最强。因此,初步判断,居住区停车位在时间利用方面具有与其他建筑物实施共享停车的可能性。为了验证这一观点,本书利用某市综合交通大调查的停车调查数据(河北联合大学,2013),对居住区和其他类型停车场的时间利用特性进行分析。

(1)停车数据的获取——停车调查。

2013 年,某市综合交通调查的停车调查部分共对全市范围 50 个不同类型建筑物的配建停车场进行了调查(调查表见附录 1)。其中涉及医院停车场 11 个，商业区和综合办公停车场 17 个，餐饮类停车场 10 个，公铁客运站停车场 3 个，公园和体育健身停车场 4 个，电影院和其他服务型网点停车场 5 个。后续又补充了 6 个居住区停车场，共计 56 个停车场。各网点的调查时间选取一般从营业时间前半小时起，营业时间结束时止；居住区、车站、公园等场所调查时间一般为 6：00—20：30。调查方式为调查员驻点调查，出入口记录进、出车辆车牌号，采用连续性全时段记录法。

调查前应派领队事先勘察各调查场所的进出口车道形式和数量；并向管理人员了解车辆停车高峰时间和车辆进出的高峰时段，确保人员安排合理，数量准确；如果调查持续时间过长可采用轮岗方式，每岗 3～4h；可在车辆进出高峰期增加人手；调查日的选择应避开雨雪等不良天气；为减少外来车辆对数据的干扰，尽量避免选取开放型居住小区。同时避免安置房或者别墅等特殊群体的小区。

调查开始时安排专门的调查员抄录停车场内现有车辆，结束时也将现存车辆的车牌号信息重新抄录，将停车场内现有车辆的驶入时间标记为调查开始的时间，将未驶离停车场车辆的离开时间标记为调查结束的时间。另外，对居住区和医院停车场的调查分析中，发现有大量全时段未出行车辆。因此，利用此抄录数据还可统计滞留车辆的比率。

在数据处理时，首先对居住区的车牌号信息进行配对，分别统计出每辆车的进出时间信息。如果小区毗邻商业或内部有其他营业机构时，对于工作时间进入小区，下班时间离开小区的车辆尽量剔除，因为这些车辆很可能是外来车辆。进行医院车辆数据处理时，可将短时停车和出租车数据剔除，尤其是高峰期的短时停车数据。原因在于这些车辆可能是寻找不到车位而离开的车辆或者短时处理事情的，此类车辆对泊位周转影响很小，可以忽略。

(2)居住区车辆出行时间特性分析。

为考察居住区车辆出行特性，本书以某市中心城区封闭型小区——君瑞国际和鑫雅园为例，对其工作日的停车数据进行整理(图 3.1)。图中的虚线为每时刻的出行车辆数据，实线是车辆出行数据的趋势曲线。从图 3.1 可知，两个居住区车辆出行都表现为典型的早间出行高峰和晚间返回高峰。

(3)居住区停车位闲置特性分析。

通过对车辆离开时间、返回时间信息的配对处理，可以得出停车位变化时序图，同时将统计的滞留车辆信息考虑在内，绘制居住区停车位闲置时间特性曲线，如图 3.2 所示。

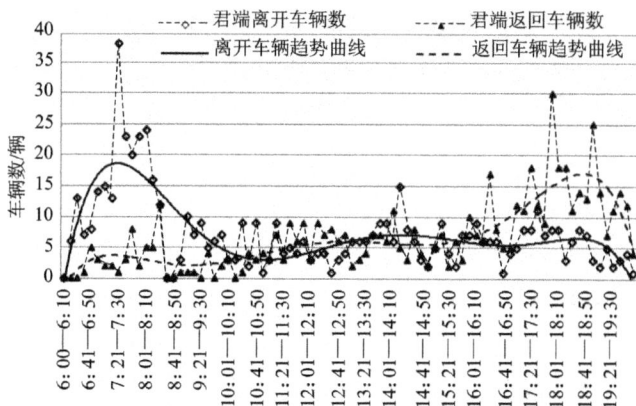

(a)

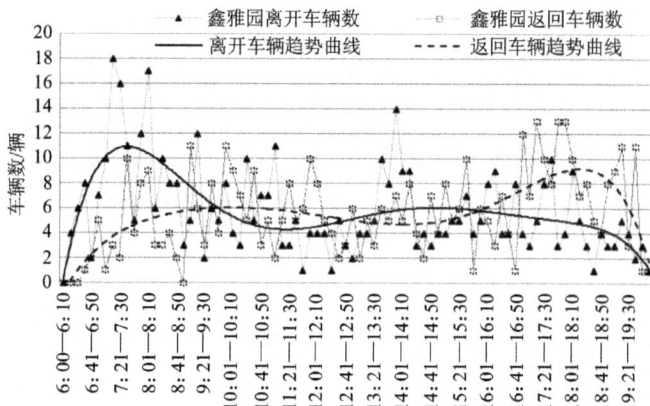

(b)

图 3.1 居住区车辆出行特性

（a）君瑞国际车辆出行特性；（b）鑫雅园车辆出行特性

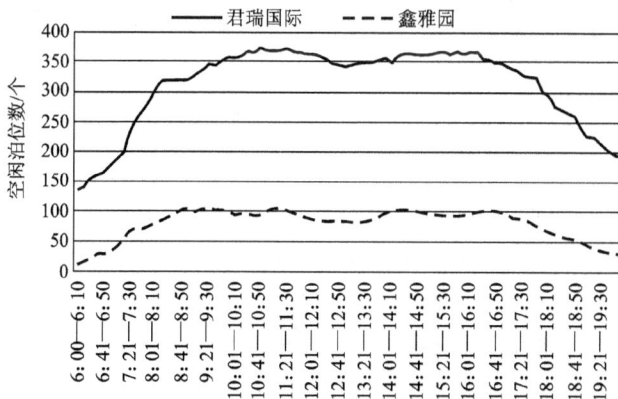

图 3.2 居住区停车位闲置时间特性

有关居住区停车位的其他数据信息如表 3.2 所示。

表 3.2　　　　　　　　　　　　居住区停车位及相关信息

居住区	君瑞国际	鑫雅园
停车位总数/个	769	230
小区车辆总数/辆	856	300
停车位缺乏数量/个	87	70
出行车辆数/辆	695	243
出行车辆比率/%	81.19	81.00
滞留车辆比率/%	20.94	24.78
户均车辆数/辆	0.9106	0.8333
居民平均收入/(元/月)	4705.13	5083.33

注:车辆滞留比率据式(3-13)。

图 3.1 和图 3.2 表明,居住区车辆早出晚归的特性是造成居住区停车场日间明显闲置的重要原因,与前文的判断相符,而此时间段毗邻建筑配建停车场很可能正是停车位需求高峰。因此,居住区停车位利用在时间特性上具备优良的对外共享条件。只要采取适当管理措施,居住区停车位必将成为最佳的共享停车资源。受人们生活习性的影响,午间居住区停车位闲置率略有降低,闲置曲线呈现典型的"驼峰"形。因此也说明居住区停车位不适合长时间共享停车,只为短时停车提供了资源。

(4)医疗机构的停车需求特性分析。

以停车问题最为严重的医院为例,从该城市停车调查数据中选取几个医院的数据,对其进行停车位需求统计,如图 2.4 所示。需特别说明的是图中的停车数量只包括进入场内的车辆,不包括找不到车位而离开的车辆。因此,图中的高峰数据小于真实数据。

如图 2.4 所示,受医院工作时间影响,各医院停车场停车位利用呈现典型的"驼峰"形,意味着就医时间停车位明显不足,高峰需求时间跨度小于居住区停车位的闲置时间。图中虚线所表示的为停车场明确划线的规划停车位数,而实际上会有部分车辆占用非规划空间停放,表现为图中的停车数量溢出。由于各医院非规划空间停车服务能力的差异,溢出的车辆数有较大差距。从图 2.4 能够看出,被调查医院的停车高峰期,上午基本在 11:30 结束,下午基本在17:00结束。此外,分析调查数据发现(图 2.6),对于这类中等城市,短时停车比重较大,47%~68%的停车时间在 2h 以内,63%~85%的车辆停车时间在 4h 以内。这表明这类城市的医院停车以短时停车为主,符合与居住区共享停车的基本条件。

　　从居住区停车位闲置时间和医院停车位高峰需求时间来看,二者具有相似性,都呈现出典型的"驼峰"形。二者分析表明:①两曲线在形状上相似,说明在医院停车需求高峰时,居住区停车位正处于闲置高峰;②居住区停车位闲置时间跨度远大于医院的停车需求时间范围。这说明医院与居住区停车位共享时,从停车位利用的时间总体分布上不会产生冲突,二者在停车需求时间上具有互补性,完全具备共享停车的条件。

　　(5)其他类型停车位与居住区停车位在使用时间方面的互补性。

　　陈健(2007)认为商业、餐饮、娱乐休闲、综合办公等类型停车场利用虽然不完全具有典型的"驼峰"形需求特性,主要是日间需求高峰,但只是在需求强度和时间方面稍有差异。郭庆胜(2016)研究发现,商业类用地与办公用地的停车需求相类似,都呈现出不规则的"M"形,而且停车比重都在80%以上,不同的是二者的停车需求高峰时间稍有差异,办公类是 8:00—17:00,而商业类是11:00—21:00。该市综合交通调查中商业区的停车曲线虽然未表现出典型的"M"形(图 3.3),但是综合停车曲线大体呈现出变形的"M"形(图 3.4),但是下午的高峰持续时间明显延长。而图 3.5 和图 3.6 中其他土地类型停车位的利用曲线基本都呈现不规则的"M"形。从调研数据来看,主要是商业的停车需求高峰持续时间较长,"M"形曲线变形较严重。但是从表 3.3 中各类型建筑物停车位利用情况的指标(详细的调研指标见附录 4)来看,商业、医院和综合办公等场所的车辆平均停放时间都在 2～3h,超过 6h 的停车比重较低,说明大部分车辆的停车特性符合短时停车特性,满足居住区共享停车的条件。

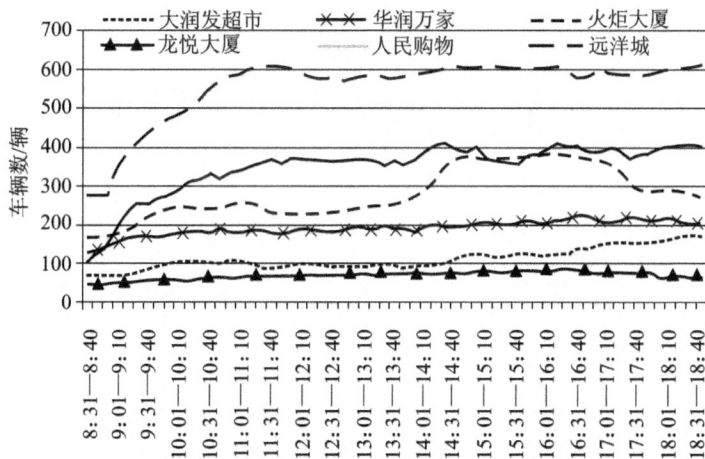

图 3.3　某市商业场所停车曲线

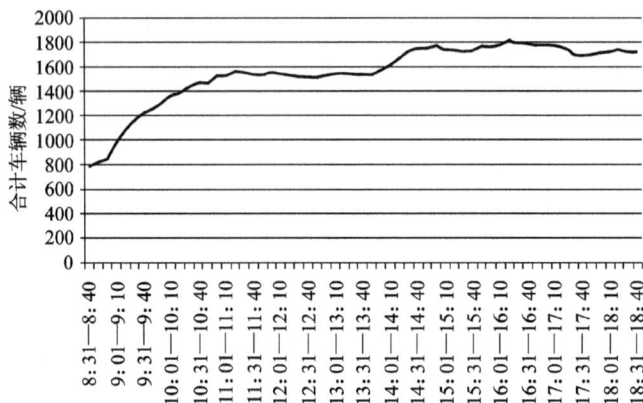

图 3.4 某市商业场所合计停车曲线

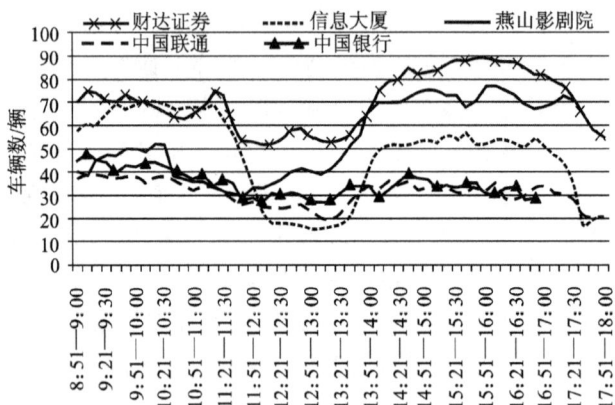

图 3.5 其他类型建筑物停车曲线(1)

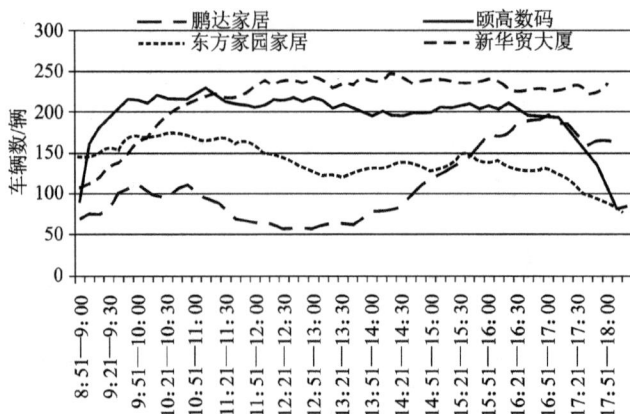

图 3.6 其他类型建筑物停车曲线(2)

表 3.3 不同类型建筑物停车场停车特征指标汇总

建筑物类型	平均停放时间/h	超 6h 停车比例	泊位周转率	泊位利用率	高峰停车指数
商业	2.53	17.25%	4.78	1.41	1.42
医院	2.15	20.13%	3.55	0.86	1.08
公共办公	2.32	15.61%	4.59	1.23	1.47
娱乐健身	2.91	21.24%	4.49	1.32	1.11
枢纽站	3.09	23.66	2.13	0.93	0.86
餐饮住宿	1.53	——	1.91	0.56	0.92

因此,对于医疗、办公和商业等建筑物的高峰停车需求,在适当的管理措施之下完全可以通过居住区共享停车得到满足,居住区停车位也必将成为未来共享停车最有潜力的资源。

3.2.2 共享意愿分析

因为居住区停车位的归属权问题,市民的共享停车意愿直接决定居住区停车位能否对外共享。但是市民的这种意愿也不是一成不变的,通过课题组前后几年的调查发现,共享停车的意愿整体呈递增趋势,这说明市民的共享意愿受外界因素的影响,比如停车难度、违章检查力度和停车管理方式等。

3.2.2.1 共享停车意愿调查

本次调查时间为 2015 年 7 月 4—11 日,调查地点分布在居住小区、医院、公园、大型商场、综合办公楼等场所。调查内容主要围绕居住区停车位持有者是否愿意将自己的停车位对外共享,有哪些顾虑;对于居住区停车位共享的管理措施及相关要求(调查表见附录 2);停车高峰期驾驶人是否愿意将车停到附近共享停车位,其考虑的主要因素有哪些。调查的目的主要是为了进一步论证居住区停车位对外共享的可行性和实现对外共享需要解决的关键问题。此次调查共获取了 420 份调研问卷,其中 385 份为有效问卷,以下是对有效问卷结果的统计分析。

3.2.2.2 调查的数据统计与分析

(1)是否愿意对外共享停车位。

在受访的 385 份有效问卷中,185 份受访者拥有停车位。关于对外共享意愿调查情况统计如表 3.4 所示。总的共享意愿比率是 49.87%,比 2013 年同期的调查数据 44.50% 上升了 5.37%。可见,对于面临停车难的驾驶人,无论其是否拥有停车位,希望共享停车位的意愿基本是一致的。随着城市停车矛盾的日益突出,人们的观念也在转变,表现为共享意愿的上升。但从数据来看,车位拥有者不愿对外共享的比例仍然略高于无车位者,这反映出拥有停车位的受访者对共享停车位存在一定的顾虑。

表 3.4 　　　　　　　　　　关于对外共享停车位的调查

问卷数/份	是否拥有停车位	是否愿意共享别人车位	比例	是否愿意将车位对外共享	比例
385	185(是)	是	41.08%	是	57.84%
		否	58.92%	否	42.16%
	200(否)	是	58.00%	—	—
		否	42.00%	—	—

(2)闲置时间。

关于私家车位闲置时间的有效回答共 185 份,其中闲置时长为 12h 以上的占 8.38 %,闲置时长为 8～12h 的占 35.08%,闲置时长为 4～8h 的占 50.79 %,闲置时长为 0～4h 的占 5.76 %(图 3.7)。这表明私家车位的日间利用率普遍偏低,大部分都有较长时间闲置,这为实施停车位共享提供了便利资源。

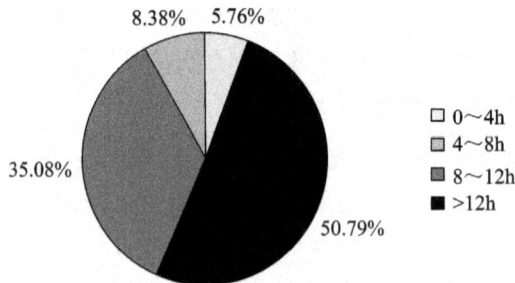

8.38%　5.76%

35.08%

50.79%

□ 0～4h
▨ 4～8h
▦ 8～12h
■ >12h

图 3.7　闲置时长及比例

(3)停车位共享的顾虑。

为了了解市民对停车位共享理念的接受程度,该问题设置了多个选择,统计结果如图 3.8 所示。40.00%的受访者担心对外共享会耽误自己使用;其次是担心外来车辆过多会影响居民的安全出行;还有部分受访者认为共享比较麻烦,收益太低;当然还有可能会产生其他不可预料的问题,比如业主信息泄露等。

(4)停车难的尴尬。

在 385 份有效问卷中,有 299 位受访者认为遭遇停车难是常事,其中 19.40%的受访者认为尤其是在医院等停车问题突出的地方常遭遇违规经营、收取高额费用的问题,常有停车者与小区居民发生口角冲突的事情发生;35.79%的受访者曾遭遇车辆被困的情况;30.77%的受访者曾遭遇车辆被剐伤的问题;

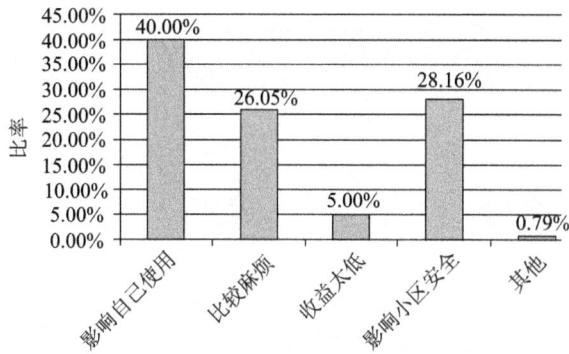

图 3.8 私家车位共享的顾虑

14.05％的受访者遇到过其他情况(图 3.9)。调查结果一方面反映了受访者对于停车难的困惑,另一方面说明规范管理停车势在必行。

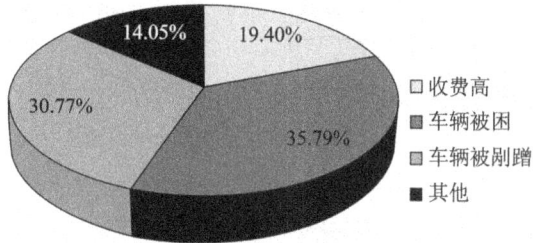

图 3.9 停车难的尴尬

(5)共享停车费用。

在 385 份问卷中,101 位受访者表示宁可在路边找"空地"停靠也不接受付费共享停车。这一现象反映了城市的停车管理问题:所谓的"空地"指居住区出入口两侧、路内以及路外其他方便之处。因为违章停车查处概率较低,导致大多市民存在侥幸心理。284 位受访者愿意接受共享付费停车,且大部分可接受与公共停车场同等的收费标准,部分可接受略高的收费标准,为了爱车的安全和出行方便,仍有少量受访者能接受更高的共享费用。从总的数据来看,385 份问卷中,299 位受访者认为常遭遇停车难的问题,284 位受访者表示愿意付费共享停车,二者比率比较接近(图 3.10)。这表明居住区停车位能否参与共享停车与城市停车难易程度密切相关。当城市停车难度提升时,居民对于共享的接受程度会更高。

(6)居住区出入口违规停车问题。

居住区出入口停车因其影响驾驶人视距,一则容易阻碍交通,另外也严重威胁到了人们的出行安全(张鹏,2009)。但是当前因为对于小区出入口停车管理缺乏有效的法律约束和管理规范,一直以来都是停车管理的盲区。在走访中

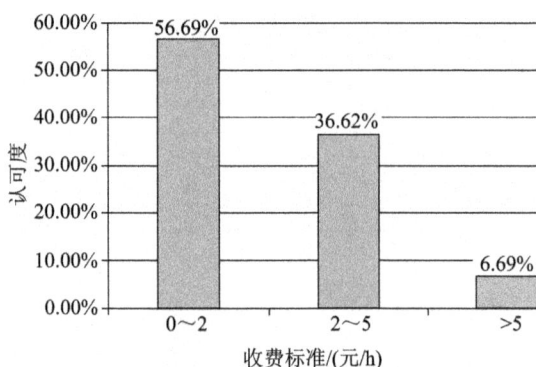

图 3.10　共享停车收费标准及认可度

了解到,居民对于小区出入口停车也有一定的意见,35.84%的受访者赞同利用小区空闲车位停车;59.22%的受访者希望政府能够出台相应的管理条例,加强居住区出入口处的违规停车管理;另有 3.64%的受访者有其他想法。因此,如何解决小区出入口停车问题,还有待各方合作。

　　综上所述,对于停车位对外共享的意愿,近一半的受访者在面临停车困境时都愿意共享别人的车位,但是多半的车位拥有者有一定的顾虑。94.23%的受访者都表示自己的车位每天 4h 以上的时间都闲置,43.46%的有 8h 以上的闲置时间,这项结果表明居住区停车位的闲置为对外共享提供了基础条件。调研结果也表明,居民是否共享与停车难易程度直接相关,同时与城市违章停车处罚概率也直接相关,如果违章查处几率很小,市民还是愿意找"空地"停车的。对于共享停车费用,93.41%的受访者都认为可以接受与公共停车场相当的收费标准。对于业主独立车位的对外共享,如果在车位锁的技术、操作和管理等方面到位的情况下,受访者也表示可以接受。

3.2.3　对外共享需解决的关键问题

　　以上调查表明,大部分受访者对共享停车的理念比较认同。在管理到位、价位合理、操作方便的情况下,大多数受访者都愿意对外共享,并在停车难时共享别人的车位。但是居住区停车位共享是一种新鲜事物,由于其特殊的属性,共享过程中可能会出现一定的冲突。因此,为了停车位共享的顺利实施,必须解决好一些关键问题。

　　(1)设计层面。

　　现有小区及停车设施规划时更多地从成本和业主需求角度考虑,而忽略了其服务功能和对城市整体交通的影响(刘东荣,2009)。例如,高峰时小区车辆进出对道路交通的影响、大型封闭小区对道路交通的疏导作用、居住区停车场出入口设置等问题。因此,未来居住区规划时,需要考虑在交通拥堵路段的街区式设计,将大型居住区设计为半开放式,为业主保留部分安全活动空间的同时起到城市交通的微循环疏导作用。

针对居民担心的共享之后小区内部的安全问题。首先应考虑设计层面的问题(郑利国,2008),必须实现两个真正意义上的分流:一是人车分流,即行人和机动车分流;二是业主与外来人员的分流,可单独为业主设计进入小区或楼层的安全通道,而外来人员由于无法通过身份认证而不能进入小区。

居住小区的停车场设计,应满足以下两点:①停车场出入口面向通道式设计(图3.11),同时避开主干道。既满足外来车辆共享需求,又避免车辆进入小区。②停车场业主专用通道设计。业主停车后可以通过刷卡等专用安全通道进入居住小区,而外来人员则不能通过。

(2)技术层面。

根据调研分析,居住区停车位对外共享至少需解决好技术层面的三个问题:共享型智能车位

图3.11　出入口临街的外向型居住区停车场

锁的操作便利性和信息安全性问题;业主通道的技术安全性问题;共享平台的稳定性和信息可靠性、车位信息查询与信息安全性问题。

对于共享车位锁的技术问题,当前还处于尝试初期,有待于进一步完善,但随着物联网技术的发展,它并不是阻碍停车位共享的重要因素;第二个技术问题只需在现状规划和设计条件下稍加改造即可实现;第三个关键问题主要在于人们的思想不容易转变和管理方面的垄断不容易打破,这些问题直接影响共享系统平台的完善和停车位共享。

国外对于停车共享平台的开发已经有过许多尝试,例如美国旧金山通过网络数据云平台共享,实时记录停车位信息,将信息发布给有需求的驾驶人客户端,有效引导驾驶人停车。这样既可以避免驾驶人聚集一处产生拥堵,又可以使车主规范停车,减少乱停乱放现象。英国的JustPark公司也开发了类似的应用软件,可让用户租到私人停车位。在这些成功经验的基础上,居住区停车位参与共享也是必然的趋势。

(3)管理层面。

管理层面需要解决好两个问题:一是收费政策问题,二是违章惩罚问题。现行停车收费标准制定中更多地考虑了建设成本问题而忽略了驾驶人停车选择动机和心理因素,导致城市停车出现以下问题:①忽略了驾驶人在地上、地下

停车场选择方面的心理倾向,单纯从建设成本角度考虑制定收费政策。地下停车场建设成本高,地上停车场建设成本较低,因此,大多数地下停车场的收费标准高于地上,地上的甚至免费,导致本就倾向于地上停车的驾驶人更容易选择地上停车,进而出现了地上停车和路内停车严重饱和的现象。②路内停车收费标准不合理。路内停车位规划一般只用于满足短时停车,但大多城市在制定收费政策时忽略了这一点,采用均一费率制或免费停车,导致路内停车严重,长时间停车比率过高的现象出现。③由于停车检查较耗费人力,许多城市的停车违章检查时有时无,造成市民抱有侥幸心理,频繁违章停车。④忽略了抑制性停车措施的作用,过度开发路内资源,改造绿化带为停车场,以城市环境为代价满足停车需求。

　　针对以上情形,究其原因在于对现有资源的开发利用不够,以及管理措施不得当。因此,管理层面需从以下几个方面入手:①利用驾驶人停车选择的偏好,有效制定停车管理和收费措施。例如采取逆向管理思维,使地上停车收费标准高于地下,然后用地上收费补贴地下停车场的建设费用。②采取阶梯式计价。如路内收费标准高于路外(边海珍,2015),同时路内停车收费采取"时间递增费率递长"的收费方式,控制路内停车比例的同时也抑制路内的长时间停车(Donald,2006);商业中心区收费标准高于外围区(Richard,2006),鼓励在外围区进行停车换乘。③加大执法力度,采取"信用制+阶梯性"的违章惩罚措施,尤其是在居住区共享停车形势下,更应执行严格的信用制违章惩罚制度,加大信用不良记录车辆的计费标准。④建立完善的共享停车诱导系统,鼓励居住区共享停车,充分利用居住区内停车资源,减少对路内资源的过度开发。⑤政府采取一定的鼓励政策和经济补偿措施,鼓励市民参与共享停车。⑥出台新的居住区和居住区停车场规划设计标准,鼓励街区式居住区设计和外向型停车场设计,促进停车资源的共享共用。

　　(4)思想层面。

　　针对受访者不愿对外共享停车位,担心共享后影响自身车辆停放的问题,首先应解决好以上的规划和技术问题,其次就是解决好思想层面的问题。积极宣传推广停车位共享理念,从城市交通环境协调发展、合作双赢关系角度出发,鼓励共享停车。居住区停车位共享将作为一种全新的理念渗透到各级各类城市,缓解城市停车难的问题。

3.3　居住区停车位对外共享服务能力评估模型

　　居住区停车位的共享服务能力考核是对外共享的关键,也是本书研究的基础。因此,下文首先研究居住区停车位对外共享的服务能力,在此基础上进一步研究共享系统内部的复杂关系。通过服务能力的研究不仅为共享停车提供了理论基础,也为优化建筑格局和合理利用土地提供了参考。

3.3.1 居住区共享停车的基本条件

将有条件的居住区停车位纳入共享停车的范畴,在保证居民活动空间安全的前提下实施共享停车。做到保障业主权益的同时推进共享停车社会化,居住区在停车管理方面必须采取如下保障措施。

(1)参加共享的居住区停车位必须采取公共管理方式,并为业主车辆提供优先预约车位服务。停车位管理系统必须有专门的业主车辆管理模块,便于对业主车辆实行优先停车服务,也方便为业主预留车位。

(2)为保障业主使用车位,共享车辆需按照规定在居住区停车高峰时间来临之前离开。违规者将被收取惩罚式的停车费用,并记入黑名单。

(3)居住区停车场的出入口设计以人车分流的外向型为主,为业主设计停车场直通小区的智能门禁通道,为外来驾驶人设计步行出入停车场的通道,保证外来车辆和人员无需进入居住区即可共享停车,减少对居民的干扰。

(4)建议在城市范围内实施停车联网管理,在实施有效的信誉管理的条件下才能更好地推进居住区共享停车,同时利于区域范围停车资源的协调利用。

3.3.2 模型假设及构建

假设居住区停车位闲置时段为 T,毗邻建筑的停车高峰时段为 G,共享车辆停放时段集合为 K,存在 $K \subset T$,$K \subset G$。假设居住区停车位数正好满足使用需求,即停车位数和小区车辆总数均为 Q,居住区车辆出行概率为 q,即居住区某日可能出现闲置时间的停车位总数为 $[q,Q]$。车辆离开停车位 i($i = 1, 2, \cdots,$ $[q,Q]$,$T_i \in T$)的闲置时段标记为 T_i(对应停车位闲置时间长度记为 ΔT_i),T_i $\in T$;某日到达该停车场的共享车辆中有满足时间序列的 m_i($m_i = 1, 2, \cdots, M$)辆车依次共享停车位 i,其中第 j 辆车在停车位 i 停放的时间记为 t_{ij},其停放时段记为 K_{ij}($K_{ij} \in K$,$j = 1, 2, \cdots, m_i$)。设依次共享同一停车位 i 的相邻两车 j 和 $(j-1)$ 进出停车位的平均时间间隔为 t_c,则满足一辆车到停车位 i 共享的临界时间条件为 ΔT_{ij}($\Delta T_{ij} \geqslant t_{ij} + 2t_c$);同理,至少应满足 $\Delta T_i \geqslant \sum_{j=1}^{m_i} t_{ij} + (m_i + 1)t_c$ 时,才允许 m_i 辆车依次共享停车位 i。即停车位 i 可满足 m_i 辆车共享的约束条件为(段满珍,杨兆升,张林等,2015):

$$\begin{cases} \Delta T_i \geqslant \sum_{j=1}^{m_i} t_{ij} + (m_i+1)t_c \\ K_{ij} \in K \\ K = T \cap G \neq \varnothing \end{cases} \quad (3\text{-}1)$$

停车位 i 可满足 m_i 辆车依次共享停车位的概率为：

$$p_i(m_i) = p\Big[\Delta T_i \geqslant \sum_{j=1}^{m_i} t_{ij} + (m_i+1)t_c\Big] \quad (3\text{-}2)$$

假设居住区车辆离开时间服从泊松分布（冉江宇等，2011），则停车位闲置时间服从负指数分布，对君瑞国际和鑫雅园两个小区的车辆进出时间记录完整的车辆信息，进行统计分析，K-S 检验结果表明，两个居住区的渐近显著性 P 值分别为 0.094 和 0.083，都大于 0.05，表明该假设正确，即停车位的闲置时间服从负指数分布。

负指数分布的概率密度函数曲线是随 ΔT_i 递减的。如果采用负指数分布描述共享停车问题，说明停车位闲置时间越短，共享的概率越大。这种情况显然不太合理，因为共享停车至少应满足临界条件 $\Delta T_{i1} \geqslant t_{i1} + 2t_c$ 或者 $2t_c$。因此，本书采用移位负指数分布描述居住区停车位共享能力。

为考察居住区停车位的最大服务能力，假设在停车需求高峰期陆续有车辆到达居住区实施共享停车，则满足 m_i 辆车依次到停车位 i 共享的概率函数为：

$$P_i\Big[\Delta T_i \geqslant \sum_{j=1}^{m_i} t_{ij} + (m_i+1)t_c\Big] = e^{-\mu\big[\sum_{j=1}^{m_i} t_{ij} + (m_i+1)t_c - \tau\big]} \quad (3\text{-}3)$$

其中，$0 \leqslant \tau \leqslant \sum_{j=1}^{m_i} t_{ij} + (m_i+1)t_c$，可根据调查数据确定，取调查数据的较小的停车位闲置时间的平均值。

根据概率统计知识，居住区停车位 i 在毗邻建筑的停车需求高峰期，单位时间内可服务的共享车辆平均数为：

$$E_i[M] = \sum_{m_i=1}^{M} m_i\, p_i(m_i) \quad (3\text{-}4)$$

假设 $\Delta T_i^h(\Delta T_i^h \leqslant \Delta T_i)$ 为停车需求高峰期居住区停车位的共享服务时间，K_i（图 3.12）对应的时间分段函数表示如下：

$$K_i = T_i \cap G = \begin{cases} G & G \subset T_i & \text{高峰期停车位 } i \text{ 正好闲置} & \text{泊位状态 4} \\ T_i & T_i \subset G & \text{高峰期停车位 } i \text{ 部分时段闲置} & \text{泊位状态 3} \\ 0 & T_i \cap \varnothing & \text{高峰期停车位 } i \text{ 无闲置} & \text{泊位状态 2} \\ T_i \cap G & T_i \cap G \neq \varnothing & \text{高峰期停车位 } i \text{ 有部分时间闲置} & \text{泊位状态 1} \end{cases} \quad (3\text{-}5)$$

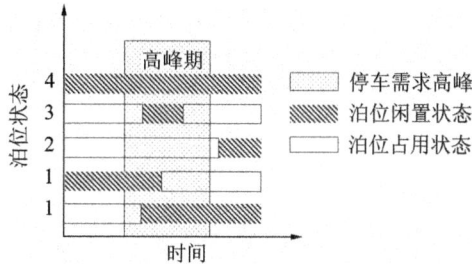

图 3.12 居住区泊位状态与需求高峰时间关系图

假定停车高峰期,需要共享停车位的车辆陆续到达居住区停车场,并在闲置停车位相继停放,则该居住区停车场所能服务的共享车辆数(S)为:

$$S = \sum_{i=0}^{[q \cdot Q]} \Delta T_i^h \cdot E_i[M] = \sum_{i=0}^{q \cdot Q} \Delta T_i^h \cdot \sum_{m_i=1}^{M} m_i p_i(m_i) \tag{3-6}$$

即该居住区 $[q \cdot Q]$ 个闲置停车位所能服务的最大车辆数模型公式为:

$$\max S = \sum_{i=1}^{[q \cdot Q]} \Delta T_i^h \cdot \sum_{m_i=1}^{M} m_i \, e^{-\mu[\sum_{j=1}^{m_i} t_{ij} + (m_i+1)t_c - \tau]} \tag{3-7}$$

$$\text{s. t.} \begin{cases} 0 \leqslant \tau \leqslant \sum_{j=1}^{m_i} t_{ij} + (m_i + 1)t_c \\ \Delta T_i \geqslant \sum_{j=1}^{m_i} t_{ij} + (m_i + 1)t_c \\ K_i = T_i \bigcap G \\ K_i \in K \subset T \end{cases} \tag{3-8}$$

假设毗邻建筑物停车场实际泊位周转率为 α,则居住区所能提供的停车位共享能力(Q_s)可表示为:

$$Q_s = \frac{\max S}{\alpha} \tag{3-9}$$

3.3.3 模型参数估计

模型中需要确定的参数有 t_c、t_{ij}、ΔT_i 和 τ。

(1) t_c:相邻两车进出停车位平均占用时间。

假设有共享同一停车位的相邻两车 j 和 $(j-1)$,j 需要在车辆 $(j-1)$ 离开停车位 i 时才能进入,因此需要确定此种情形下相邻两车进出停车位 i 的平均时间 t_c。在忽略停车位排列形式和驾驶人技术差异的前提下,假设前车 $(j-1)$ 倒车无障碍,顺利离开停车位,然后后车 j 立即进入停车位。观测前后两车相继离开、进入该停车位的时间,从前车驾驶人上车操作开始计时,后车驾驶人停车到位计时结束。对观测的有效样本取平均值作为 t_c 估计值。本次调查共拍摄样本录像材料 312 个,筛选出 78 个合格样本(图 3.13),得到相邻两车进出停车位平均时间 t_c 均值为 62.6s。

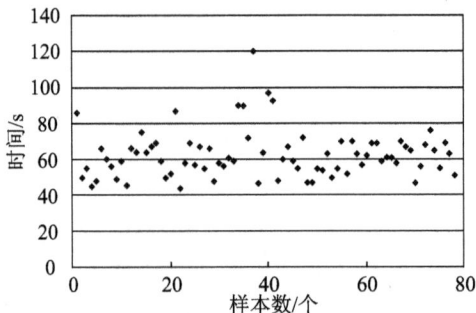

图 3.13　相邻两车进出停车位平均占用时间

(2)t_{ij}:停车位 i 第 j 辆共享车辆的停放时间。

车辆的停放时间属于连续型随机变量,利用负指数分布、Weibull 分布、Gamma 分布等模型进行分析。拟合结果表明,无论是全部停车数据还是短时停车数据,Gamma 分布拟合都表现出较好的效果,即车辆的停放时间服从Gamma 分布(图 3.14、图 3.15 列举了几家医院的数据拟合结果)。假设居住区共享车辆以短时停车为主,则停放时间 $t_{ij} \sim \Gamma(\alpha, \beta)$,$\beta$ 为标度参数,α 为形状参数。结合表 3.5 的车辆平均停放时间数据,当建筑物吸引的车辆平均停放时间延长时,建议参数取值略大一些;反之则取小一些。

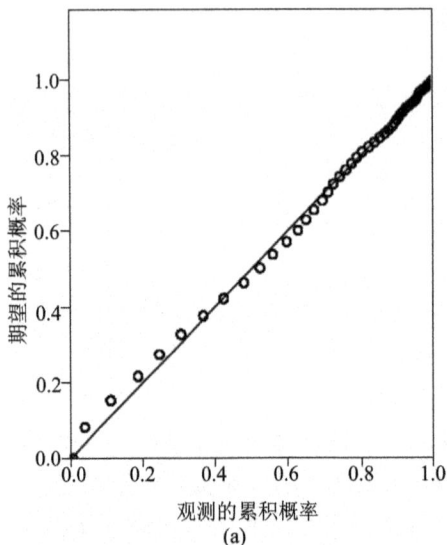

(a)

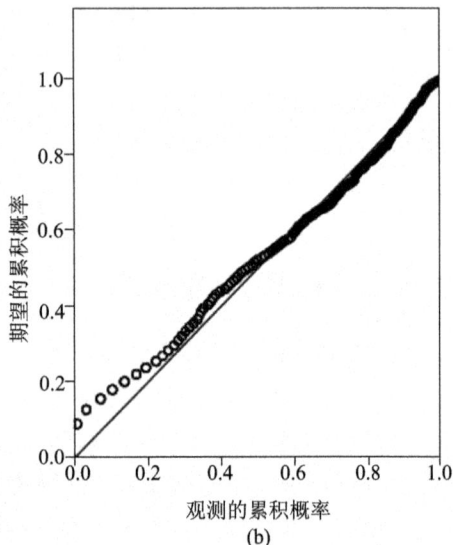

(b)

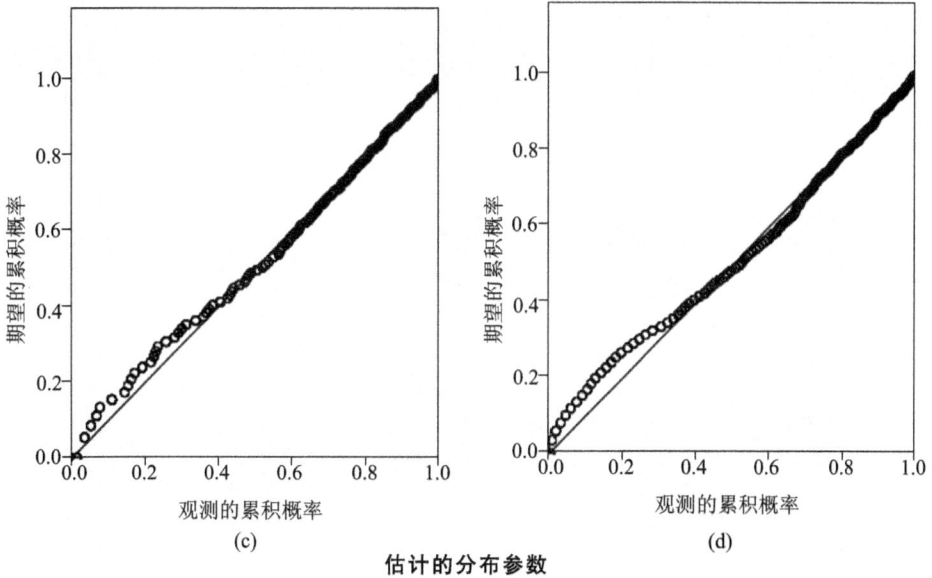

(c)

(d)

估计的分布参数

	妇幼停放时间/min	开滦停放时间/min	协和停放时间/min	二院停放时间/min
形状	0.940	0.517	0.664	0.783
标度	0.014	0.007	0.010	0.012

图 3.14　全部车辆停放时间的 Gamma 分布拟合结果截图

(a)妇幼停放时间的 Gamma P-P 图;(b)开滦停放时间的 Gamma P-P 图

(c)协和停放时间的 Gamma P-P 图;(d)二院停放时间的 Gamma P-P 图

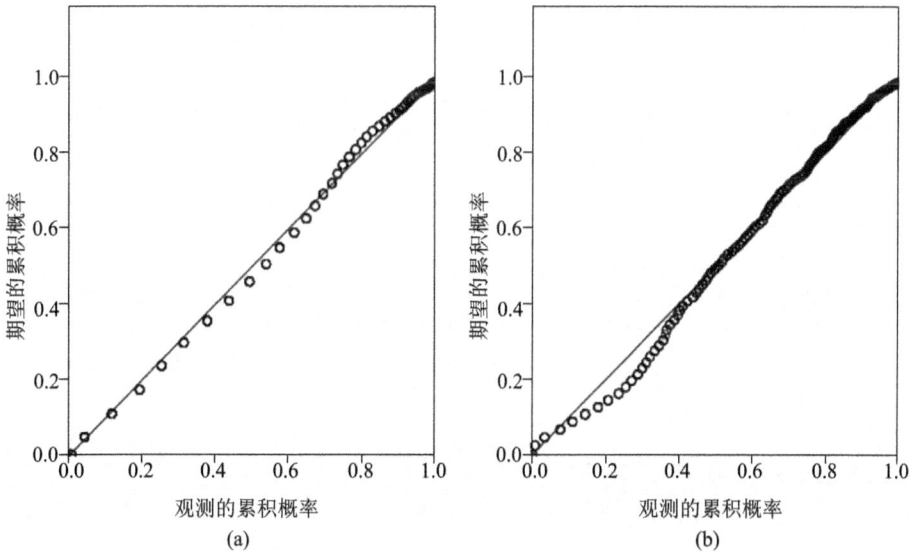

(a)

(b)

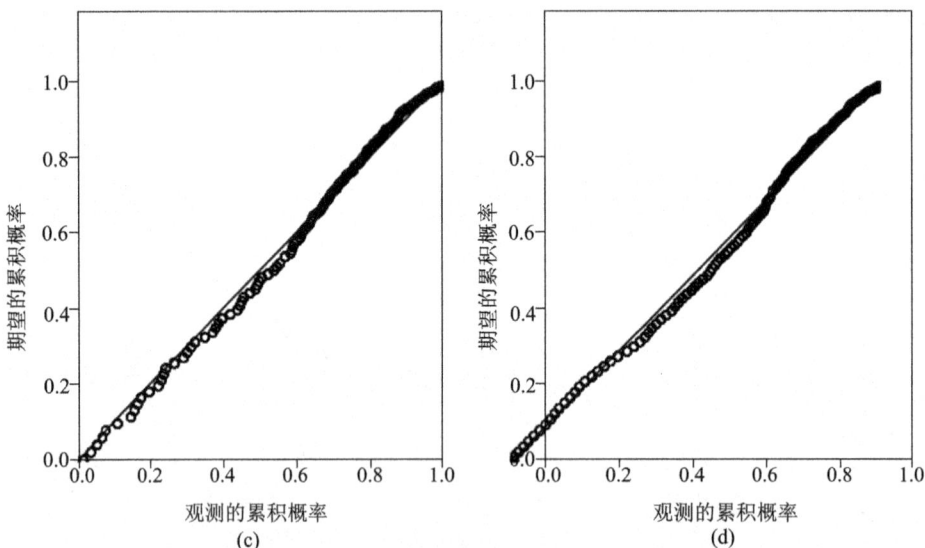

估计的分布参数

	妇幼停放时间/ min	开滦停放时间/ min	协和停放时间/ min	二院停放时间/ min
形状	1.284	0.928	0.970	1.149
标度	0.022	0.019	0.018	0.021

图 3.15　短时停车(≤4h)Gamma 分布拟合结果截图

(a)妇幼停放时间的 Gamma *P-P* 图;(b)开滦停放时间的 Gamma *P-P* 图

(c)协和停放时间的 Gamma *P-P* 图;(d)二院停放时间的 Gamma *P-P* 图

表 3.5　　　　　　　　　　**医院车辆(≤4h)平均停放时间**

	妇幼医院	开滦医院	协和医院	第二医院
平均停放时间/min	79.05	70.02	71.94	75.09

(3)ΔT_i:居住区停车位的闲置时间。

居住区停车位闲置时间属于连续型随机变量,同样选用负指数分布、Gamma 分布等模型进行拟合。拟合结果服从负指数分布,参数取值为居住区停车位平均闲置时间的倒数,即 $\mu = [q \cdot Q] / \sum\limits_{i=1}^{[q \cdot Q]} \Delta T_i$。

(4)τ:移位负指数分布参数。

由于移位负指数分布的性质,存在均值 $W = \tau + 1/\mu$,方差 $D = 1/\mu^2$。其中,τ 可以取停车位空闲时间低值区域的均值。另外,通过比较$(W-\tau)^2$ 与方差 D

的比值是否近似等于 1 来反向验证移位负指数分布是否成立。例如上文中,两个居住小区的调查数据(图 3.2),取停车位空闲数据前 20% 为低值区域,计算结果如表 3.6 所示,证明了该建模过程假设的正确。

表 3.6   移位负指数分布参数

居住区	τ	W	D	$(W-\tau)^2/D$
君瑞国际	24.1077	236.398	44838	1.0051
鑫雅园	26.3250	262.7487	50126	1.1151

3.3.4 模型求解

经以上分析,因居住区停车位 i 的闲置时间 ΔT_i 服从移位负指数分布,共享车辆的停放时间 $t_{ij} \sim \Gamma(\alpha,\beta)$,则可将 $\sum_{j=1}^{m_i} t_{ij}$ 转化为概率密度为 $f(i) = \frac{i^{(\alpha-1)}c^{(-i/\beta)}}{\beta^\alpha \Gamma(\alpha)}(i>0)$ 的累计密度函数进行求解。

其中,

$$\Gamma(\alpha)=(\alpha-1)! \quad (\alpha \in \mathbf{Z}^+)$$
$$\Gamma(\alpha)=(\alpha-1)\Gamma(\alpha-1) \quad (a \in \mathbf{R}^+) \tag{3-10}$$
$$\Gamma(1/2)=\sqrt{\pi}$$

所以,式(3-7)可以转化为(3-11)去求解。

$$\mathrm{MaxS} = \sum_{i=1}^{[q \cdot Q]} \left\{ \int_{K_i} \mu e^{-\mu(t-\tau)} \mathrm{d}t \cdot \sum_{m_i=1}^{M} m_i e^{-\mu} \left[\int_{K_i} \frac{t^{(\alpha-1)}e^{(-t/\beta)}}{\beta^\alpha \Gamma(\alpha)} \mathrm{d}t + (m_i+1)t_c - \tau \right] \right\} \tag{3-11}$$

式(3-11)属于微积分问题,利用 Matlab 软件的微积分函数功能很容易求解,部分代码如下:

```
y1=expcdf(x,u);
y2=cdf('gam',x,a,b);
    for  i=1:M
        for j=1:i
        s=s+y2;
        end
Y=Y+i*exp{-u*[s+(i+1)*tc]};
end
S=Y.*y1;
plot(x,S,'r-');
```

此外,在缺乏调研统计数据的情况下,可参照下文参考数据进行简单估算。

3.3.5 服务模型的其他参考数据

(1)q:居住小区的车辆出行概率。

$$q = \frac{\text{离开车辆数}}{\text{居住区车辆总数}} \times 100\%$$

即
$$q = \frac{v_{\text{leave}}}{v_{\text{total}}} \times 100\% \qquad (3-12)$$

式中,v_{leave}表示离开车辆数;v_{total}表示居住区车辆总数。

随着私家车拥有率的提高和道路交通管制措施的影响,导致居住区车辆出行概率有所下降(Guo Zhan,2013)。因此,用停车位停滞率(p)来衡量居住区内长时间滞留不动的车辆数,即:

$$p = \frac{v_{\text{total}} - v_{\text{leave}}}{Q} \times 100\% \qquad (3-13)$$

式中,Q为居住区停车位总数。

一般情况下,居住区车辆出行概率可根据车辆日常出行行为取经验值。表3.7的调查统计值可作为参照。

表3.7　　　　　　　　　　居住区车辆出行概率

居住区	停车位总数/个	停车位缺乏数/个	小区车辆总数/辆	离开车辆数/辆	车辆出行概率	停车位停滞率
君瑞国际	769	87	856	695	81.19%	20.94%
鑫雅园	230	70	300	243	81.00%	24.78%

(2)M:依次共享停车位i的最大车辆数。

M取值由K_i决定。由上文分析可知,居住区停车位闲置时间表现为上、下午两个相似的高峰时段,为了计算方便,服务模型中只考察一个时段,周转率也对应取原值的$1/2$。由于居住区共享会增加步行时间以及必要的过街信号等待时间,会导致停车时间略有增加。参照表3.8,假设大部分共享停车驾驶人可接受的步行距离为$50 \sim 100$m,过街信号时间按照$30 \sim 60$s估算,常规平均步行速度内1.3m/s,则到居住区共享停车会增加$2.28 \sim 4.56$min的来回程时间。以表3.5数据为例,平均共享停车时间为$72.30 \sim 83.61$min,分段函数K_i的M取值为[0,1,2,3]。当平均车辆停放时间增加时,M最大值降低。当M最大值取3时,各种泊位状态M值情况可参考表3.9。

表3.8   **停车后可接受的步行距离**

近距离 (<50m)	短距离 (50~100m)	中距离 (100~300m)	远距离 (300~500m)
残疾人	食品杂货店	一般零售店	机场停车场
搬运或负重	科研机构	餐馆	大型文体活动
有急事	医疗诊所	雇员	应急备用停车场

表3.9   **泊位状态与对应 M 值**

	泊位状态4	泊位状态3	泊位状态2	泊位状态1
对应 M 值	3	1或2	0	1或2

(3)泊位状态估算。

在缺乏居住区调研数据的情况下,可以参照表3.10中提供的信息对泊位状态进行估算。表3.10中(Duam Manzhen et al,2015)的居住区是2005年之后该市中心区的新建小区,居民收入水平处于中等,平均年龄偏低。根据2013年某市综合交通大调查对中心城区十个居住区的抽样走访调研数据统计分析,停车位的租金和管理费等因素对停车位需求影响不大(戴黎琛,2013),但居民平均年龄和人均收入指标对泊位状态影响较大,其中泊位状态2、泊位状态4与这两个指标负相关,停车位停滞率、泊位状态1和泊位状态3与其正相关。实践中缺乏调研统计数据时,可根据居住区指标变化情况对表3.9中泊位状态取值做适当调整。

表3.10   **泊位状态估算参考数据**

居住区	君瑞国际	鑫雅园
户均车辆数	0.9106	0.8333
居民平均收入/(元/月)	4705.13	5083.33
居民平均年龄/岁	34.62	35.36
停车位停滞率	18.81%	19.00%
泊位状态4	29.09%	28.33%
泊位状态3	15.89%	21.67%
泊位状态2	21.14%	15.00%
泊位状态1	15.07%	16.00%

3.3.6 算例

仍然以某市综合交通调查的停车调查数据为基础。如图3.16所示的该市新华南里小区,现有停车位 236 个,最大停车位闲置率为 87.62%,停车位闲置时间 $\Delta T_i = e(\mu)$,$\mu = 1/280.3$,小区泊位状态参数如表 3.11 所示,毗邻医院的停车高峰时段为上午 8:00—11:00 和下午 14:00—17:00,平均停放时间为 79.05min,两地间共享的步行平均往返时间为 3.75min 左右。医院拥有规划停车位 324 个,平均日累计停车次数为 1184 次,其中 6h 以上停车为 119 次。4h 以下停车比例为 84.61%,4~8h 为 9.31%。求该小区停车位共享服务能力。

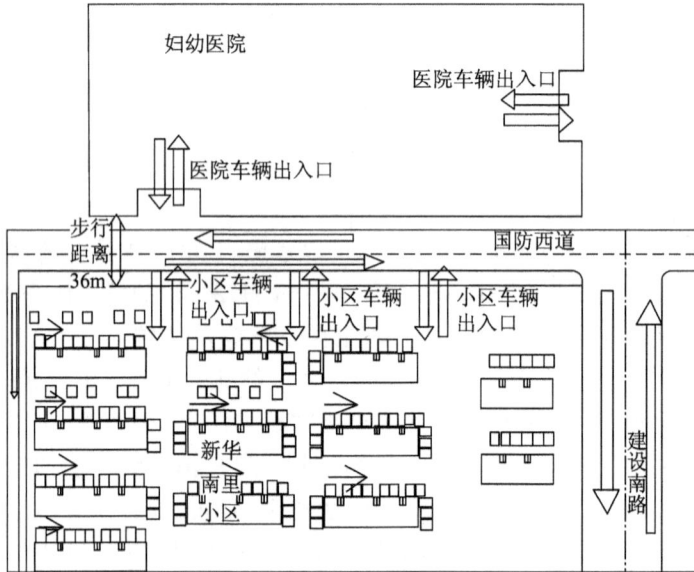

图 3.16　共享停车建筑位置关系图

表 3.11　　　　　　　　　　　　新华南里小区泊位状态概率

泊位状态	泊位状态 4	泊位状态 3	泊位状态 2	泊位状态 1
泊位状态概率	24.27%	21.31%	19.87%	22.17%

由题中条件及文中参数表进行简单停车位供应能力估算。

首先计算居住小区的最大闲置停车位数为 207 个,其他状态停车位数见表 3.12。由于医院高峰停车时段为上午、下午各 3h 左右,车辆平均停放时间为 80min,则 M 最大值为 3,共享车辆在该小区的平均停放时间为 82.8min,代入式(3-7)计算:

表 3.12　　　　　　　　　　　　新华南里小区停车位计算

泊位状态	泊位状态 4	泊位状态 3	泊位状态 2	泊位状态 1
停车位数/个	52	47	50	57

$$S = \sum_{i=1}^{[q \cdot Q]} \Delta T_i^h \cdot \sum_{m_i=1}^{M} m_i \mathrm{e}^{-\mu\left[\sum_{j=1}^{m_i} t_{ij} + (m_i+1)t_c - \tau\right]}$$

$$= \sum_{i=1}^{206} \Delta T_i^h \cdot \sum_{m_i=1}^{3} m_i \cdot \mathrm{e}^{-\frac{1}{280.3}\left[\sum_{j=1}^{m_i} t_{ij} + (m_i+1) \cdot \frac{62.6}{60} - \tau\right]}$$

$$\approx 342（辆）$$

由题意知,妇幼医院的共享车辆主要是 4h 以内的停车。全天就诊时间总共 8h,如果车辆占用车位的时间超过 6h,停车位基本已丧失了周转功能。结合调研数据分析,这部分车辆大都是停车高峰之前进入停车场,可将其视为非共享车辆。因此,在计算实际泊位周转率时可将这部分车辆扣除,即:

$$a = \frac{1}{2} \times \frac{1184 - 119}{324 - 119} \approx 2.598$$

$$Q_s = \frac{S}{a} = \frac{342}{2.598} \approx 131（个）$$

占居住区总停车位数的比重:$\frac{131}{236} \approx 55.51\%$

该案例结果表明,如果该居住区与毗邻医院实施共享停车,按照医院现有泊位周转率折算,则其服务能力相当于为医院提供了约 131 个停车位,基本满足了医院的停车需求。因此这种共享停车方式不仅解决了城市停车资源紧张、建设成本增加、土地浪费等问题,而且能够极大地缓解停车占道、出入口排队,以及减少对沿线动态交通的影响。

3.4　本章小结

本章首先从居住区停车位类型、居住区车辆出行时间特性、停车位闲置时间特性以及其他类型建筑物配建停车场的停车位利用等角度分析了居住区对外共享停车位的可能性。由于居住区停车位与其他建筑物停车需求具有时间上的互补性,因此成为实施共享停车的最有利资源。另外,由于居住区停车位的特殊属性,需要考虑停车位拥有者的对外共享意愿,针对此问题设计了调查问卷进行共享停车意愿调查。结果表明,大部分受访者由于受停车压力影响都愿意共享停车位,但是需要解决好大家关心的安全、收费等问题。此外,居住区停车位的对外共享服务能力是共享服务的基础,因此,本章主要是在统计分析调研数据的基础上构建居住区停车位共享服务能力评估模型,并为模型应用提供了参考案例。计算结果表明对于普通的居住小区基本能够为毗邻建筑提供相当于本小区停车位约一半的服务能力,因此,居住区停车场巨大的共享服务能力对于未来缓解城市停车矛盾必将发挥重要的作用,是最有潜力的停车资源。

4 居住区停车位共享条件下的停车选择行为博弈分析

城市智能停车诱导系统被认为是解决当今城市停车问题的必然选择,但是传统的群体式诱导方式因其信息面向大众发布,一定程度上会导致局部停车拥堵,尤其在停车高峰期问题会愈加严重(吴兰菊,2014)。因此,面向个体需求的个性化停车诱导系统则是对传统群体式诱导的补充和必然选择。根据前面的调查发现,人们接受居住区共享停车理念还有一定的顾虑,意味着居住区参与下的共享停车选择行为将受更多因素的影响。此外,在共享停车参与者中,停车位提供者提供空闲停车位信息、共享平台发布信息方案、驾驶人接收信息。驾驶人是否愿意接受诱导信息,哪些因素会影响其对方案的选择?选择同一目的停车场的驾驶人之间是否存在竞争关系?本章引入博弈理论,从驾驶人停车选择的行为要素分析入手,研究居住区共享停车诱导服从率和停车选择过程中的各种博弈行为。

4.1 居住区共享停车博弈分析理论基础

4.1.1 博弈论的引入

从参与共享停车的各方来看,作为交通管理者的共享管理系统平台在制订停车方案时,总是希望城市交通整体情况最佳,期望的收益是停车有序,减少违章停车、占道停车等不良现象。而驾驶人做出选择时,总是希望停车费用最少或者停车最方便,即个人停车收益最高。但是驾驶人做出选择的同时会参考共享管理系统平台提供的停车诱导信息,尤其是停车高峰期。共享管理系统平台的停车位诱导信息会影响驾驶人的选择,而驾驶人的选择也会影响共享管理系统平台下一步的决策。同时,从停车位供应方来讲,收费停车场一般希望收益最大,但同时也希望周边交通有序,车辆进出通畅;对于参与居住区停车位共享的业主来讲,共享停车行为是其为社会、城市交通所做的贡献,共享收益不作为其共享的核心目的,但是期望停车有序、不影响自身对停车位的利用应是其对外共享的前提基础。因此,作为交通管理者的共享管理系统平台、停车位供应者和驾驶人之间在停车管理和选择过程中的目标虽然各不相同,某种程度上也存在一些利益冲突,但并不是完全对立的,而且他们之间有着某种程度的目标一致性,例如停车有序、交通顺畅。也就是说共享停车系统内部存在着多个目标互不相同的参与者,在停车选择的过程中均希望实现自身利益的最大化和某种程度的共赢。因此,引入博弈论来分析共享停车选择行为具有其合理性。

4.1.2　博弈模型的基本要素

博弈论又称对策论,是现代数学的一个分支。最先是由美国经济学家冯·诺依曼在 1937 年提出来的,他与经济学家奥斯卡·摩根斯特恩于 1944 年合著的《博弈论与经济行为》被公认为是博弈论诞生的标志,是关于纯粹竞争的理论。1950 年,约翰·纳什证明了在这一类竞争中,在很广泛的条件下有均衡解的存在,只要是参与者的行为确定下来,竞争者就可以选择出最佳的策略(张建英,2005)。但由于博弈论研究范畴的多面性,至今仍无法给出一个完整准确的定义。Harsany 将博弈论描述为是关于策略相互作用的理论;Robert Aumann 称博弈论是"相互有影响的决策论"(汪贤裕等,2008);Robert Gibbons(1992) 的 *Game Theory for Applied Economists* 一书中称"博弈论是研究多人决策问题的理论";艾里克·拉斯缪森(2004)称博弈论是研究决策主体的行为直接相互作用时的决策,以及这种决策的均衡问题,即研究相互依存情况中的理性行为。所谓的相互依存,指任何一个参与者都会受到其他参与者的行为影响;反之,他的行为也影响其他参与者。所谓理性,不是道德标准,而是从博弈的参与者来看,试图实现自己认为最好的行为。由于参与者之间的相互依存性,博弈中的一个理性决策必须建立在预测其他参与者的反应之上,即一个参与者将自己置身于其他参与者的位置并为他着想,从而预测其他参与者可能选择的行动策略,在此基础上决定自己最理想的行为。因此,博弈论的特点是充分考虑博弈参与者在不同条件下的不同选择,充分体现博弈参与者的相互作用,帮助参与者在博弈过程中做出合理决策。

博弈论沿着纯数学理论和实际应用两个方向发展,是沿着从静态到动态、从理性到有限理性、从零和到非零和、从完全信息到非完全信息的轨迹发展的(孙连菊,2009)。它以理性参与者假设为基础,是研究人类活动中各种理性选择行为的基础理论,其核心思想是决策者的风险中性,在解决群体与个体之间的利益争端、群体内部的利益冲突以及个体之间的利益冲突等各方面发挥着越来越重要的作用(邵祖峰,2006a)。博弈论利用数学工具来表达它的思想,将具有博弈的问题用数学模型进行描述,博弈的表示形式分为扩展形式和标准形式,虽然博弈模型在形式上不同,但都包含以下三个基本要素。

(1)参与者。

参与者也称"博弈方",指具有独立的决策能力,能够独立承担相关责任的个人或者机构,每个博弈方都以获取自身利益最大化为目标。参与者集合通常用 N 表示,假设有 n 个参与者,则 $N=\{1,2,\cdots,n\}$(陈永权,2002)。

一个博弈中最少有两个参与者。对于参与者概念理解应该是广义的,因为参与者既可以被理解为个人,也可以理解为一个集体,如一个企业、一个球队或者一个参战方等。即博弈中利益完全一致的参与者只能看成是一个参与者,例如一个球队的队员,虽然有多个人,但由于他们的目标是一致的,在博弈中只能作为一个参与者。

(2)策略集。

策略集也称策略空间,博弈中可供参与者选择的一个完整的实际可行的行动方案称为一个策略,所有参与者的每一个可能的策略或行动的集合称策略集。对于每一位参与者 $i(i=1,2,\cdots,N)$,其策略空间用 H_i 表示;若参与者 i 有 G 个纯策略,则其纯策略的集合可表示为 $H_i=\{h_{i1},h_{i2},\cdots,h_{iG}\}$。通常情况下每位参与者的策略集中应包括不少于两个的策略。

由于博弈不一定有纯策略解,本书也引入混合策略的概念,其含义是每位参与者 i 的混合策略都是其在纯策略空间上的概率分布。纯策略的全部凸组合构成参与者 i 的混合策略集。

假设参与者 i 有 G 个纯策略 $H_i=\{h_{i1},h_{i2},\cdots,h_{iG}\}$,根据混合策略定义,则每个参与者对应的混合策略概率分布(p_{ig})为($p_{i1},p_{i2},\cdots,p_{iG}$),其中 $0 \leqslant p_{ig} \leqslant 1$ 时,对所有 $g=1,\cdots,G$ 成立,且 $p_{i1}+\cdots+p_{iG}=1$。表示参与者取策略 h_{i1} 的概率为 p_{i1},取策略 h_{iG} 的概率为 p_{iG}。下文用 p_i 表示基于 H_i 的任意一个混合策略概率,用 P_i 表示混合策略集合,用 h_i 表示任意一个纯策略。

混合策略定义(姚国庆,2007):对于博弈 $G=\{N,H,V\}$,假设 $H_i=\{h_{i1},h_{i2},\cdots,h_{iG}\}$,则参与者 i 对应的混合策略映射 $p_i:H_i \rightarrow [0,1]$,即以 $p_i(h_{ig}) \geqslant 0$ 的概率取策略空间 H_i 中的纯策略 h_{ig},且 $\sum_{g=1}^{G} p_i(h_{ig})=1$。或者说:混合策略概率 $p_i=(p_{i1},p_{i2},\cdots,p_{iG})$,对所有 $g=1,\cdots,G,0 \leqslant p_{ig} \leqslant 1$,且 $p_{i1}+\cdots+p_{iG}=1$ 成立。

文中所提到策略集指各个参与者混合策略集的笛卡儿乘积,记为 $H=H_1 \times H_2 \times \cdots \times H_n$。根据策略集中元素是否有限,将博弈分为有限博弈和无限博弈,无限博弈表现为连续对策、重复博弈和微分对策等(唐宁,2011)。

（3）收益函数或支付函数。

当一个策略集给定之后，就对应一组数据来表示该参与者在此策略集下的所得或所失，即参与者获得的收益。收益是各参与方追求的最终目标，也是他们选择策略的依据。由于对博弈的分析主要是对数量关系的比较，如损失、利润或社会效用等，因此将这些可量化的指标统称为该策略集下各参与者的"收益"，表示该收益的函数被称为支付函数或收益函数，并将参与者 i 的支付（或收益）函数记为 $V_i(h_1, h_2, \cdots, h_G)$。一个博弈必须对支付或收益函数做出明确规定，因为它是博弈模型分析的基础和依据。

在博弈过程中各参与者的收益都是客观存在的，但并不是每个参与者对其他参与者都很了解。如果参与博弈的各方对所有参与者在各种策略集下的收益都很清楚，这种博弈就称为完全信息博弈；反之，则称为不完全信息博弈。根据各参与者收益情况的不同，博弈还分为零和博弈与非零和博弈。假如在一个博弈中各参与方的利益是完全对立的，则该博弈称为零和博弈，二者不能实现共赢关系；假如博弈双方的利益不是完全对立的，则称为非零和博弈，此时二者有可能实现合作的双赢关系。此外，在动态博弈过程中，如果后采取行动的一方完全了解对方先前的行动，则此博弈称为完美信息博弈；反之称为不完美信息博弈（王喆，2003）。如果一个博弈的信息不够完美时，那么博弈的结果只能是概率期望，不可能得到像完美信息动态博弈一样理想的结果（孙建平，2004）。根据各参与者之间是否通过谈判关系达成协议，可将博弈类型分为非合作博弈和合作博弈。如果各参与者之间不能通过协商的方式达成协议，就称为非合作博弈，可达成协议的为合作博弈。合作博弈主要是建立特征函数模型，以个体可能的联盟为定义域，将各个联盟的收益用特征函数表示（侯定丕，2004）；非合作博弈指博弈的各方相互独立，博弈过程中都企图获取最大利益，采用 Nash 均衡理论来求解（蔡长青，2007）。

静态博弈通常可描述为 $G = \{N, H, V\}, i \in I$。除了以上三个基本要素外，动态博弈还必须有参与者各方的博弈顺序，列为第四要素。

（4）博弈的次序。

博弈的次序指动态博弈过程中博弈行动进行的次序。

在现实博弈中，为保证公平合理，多个独立的参与者通常需要同时做出决策，有时也会分先后顺序，有时一个参与者还可做出多次决策，因此，有必要对决策的次序进行规定。即使决策的参与者各方要素都相同，如果决策的先后次序不同也不是一个博弈。如果一个博弈中各参与者的决策同时进行，则称为静态博弈，此时该要素省略。如果各个参与者的决策顺序有先后之分，则称为动态博弈。

以上四个方面是定义一个动态博弈的基本要素,博弈论就是系统地研究如何用上述四个要素表述的各种决策问题,寻求在各个参与者具有有限理性或完全理性和能力的条件下,合理地进行策略选择的博弈结果,并对博弈结果的经济意义、效率和理论方法进行解释。

4.1.3 博弈论应用基本原理

将参与者所能选择的行动和策略看作是一个集合,称为选择集,定义在这个选择集上的收益排序就是所谓的偏好。从理性参与者的角度出发,各个参与者总是希望尽可能地实现自身利益的最大化(张雪,2012)。

理性选择原理:如果决策主体的偏好是理性的,那么(有限)选择集中就一定存在最优选择,这个选择可能是唯一的,也可能是多个(姚国庆,2007)。

理性偏好的定义:假设存在严格偏好关系,如果同时符合以下条件,则称为理性偏好,否则为非理性偏好。

(1)偏好是非对称的,即任意两个选择 x 和 y,$x > y$ 和 $y < x$ 不同时成立。

(2)偏好是负传递的,即选择集中的任意 x、y 和 z,如果 $x > y$,那么存在 $x > z$ 或者 $z > y$,或者同时成立。

博弈论中采用支付函数来表述偏好。如果用 V 表示支付函数,用 a 表示参与者的偏好:当且仅当博弈的参与者偏好 a_1 优于 a_2,且存在 $V(a_1) > V(a_2)$ 时,V 是博弈参与者的支付函数。

支付函数表示的是一种线性排序关系,其支付函数可能并不唯一,因为支付函数之间的数值差异并不存在经济学上的意义。

4.2 居住区参与下的共享停车博弈关系

4.2.1 基于共享停车理念的停车场选择要素分析

为了解居住区停车位共享条件下驾驶人的停车选择行为,以及影响驾驶人进行共享停车选择的要素,在原有共享停车调查基础上,追加了停车场选择问询调查(附录3)。调查时间为 2015 年 10 月 16 日—11 月 12 日,在商业、办公等停车场、车管所大厅及电影院等候厅等场所对驾驶人进行问询调查,共获取调查问卷 178 份,其中有效问卷 150 份。结合共享停车情况,对驾驶人的停车场选择行为调研结果统计分析如下。

(1)显著影响要素分析。

调查显示(图 4.1),对于驾驶人停车场选择时最关心的三个要素,比例最高的是停车后的步行距离、停车难易程度和收费标准;其次是停车场周边的路况和空余停车位数,而车辆行驶时间要素并不敏感。这意味着如果停车场周边道路拥挤或者空余停车位数太少,不能保证到达后有空余停车位的话,一定程度上会影响驾驶人的停车选择。

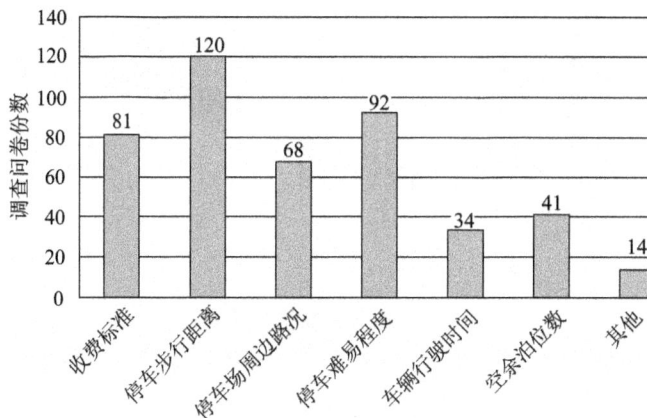

图 4.1　影响停车场选择的因素分析

(2)停车后步行距离。

共享停车条件下定义停车后步行距离为驾驶人从停放车辆的停车场出口或居住区出口(居住区地上停车场共享)至出行目的地的实际距离,它是影响驾驶人停车场选择的显著要素。王炜(2003)的研究表明,停车者的步行时间以5~6min 为宜,距离以 200m 以内,最大不超过 500m 为宜;张宝玉(2009)认为驾驶人可接受的最大步行距离一般为 300~500m,且可接受的停车后步行距离与城市规模呈递增关系(唐伯明等,2015)。表 3.8 也表明不同场合和不同的负重条件下,可接受的最大步行距离有所区别。本书的调研结果表明:驾驶人可接受的停车后步行距离与停车目的和停车时长有显著关系,如图 4.2 所示,工作、就医时期望的步行距离越短越好,因为频繁的停车行为或者行动不便对步行距离更为敏感;而类似购物、娱乐休闲等不规则出行时,人们可以适当接受较长的步行距离。对于这类中等城市,95%的受访者能够接受 350m 以内的步行距离。

(3)停车收费形式和收费标准。

共享停车调查发现,停车收费形式一定程度上会影响共享停车的实施。尤其是有居住区私家停车位参与的共享行为,如图 4.3 和图 4.4 所示,智能共享车位锁的收费形式和管理方式都影响共享的实施。由于本次受访者多为中青年,认可刷卡、刷手机等收费方式的比例偏高,但是部分年长者更倾向于投币和人工收费。因此,灵活的收费方式也是推动共享停车的必要条件。

（a）

（b）

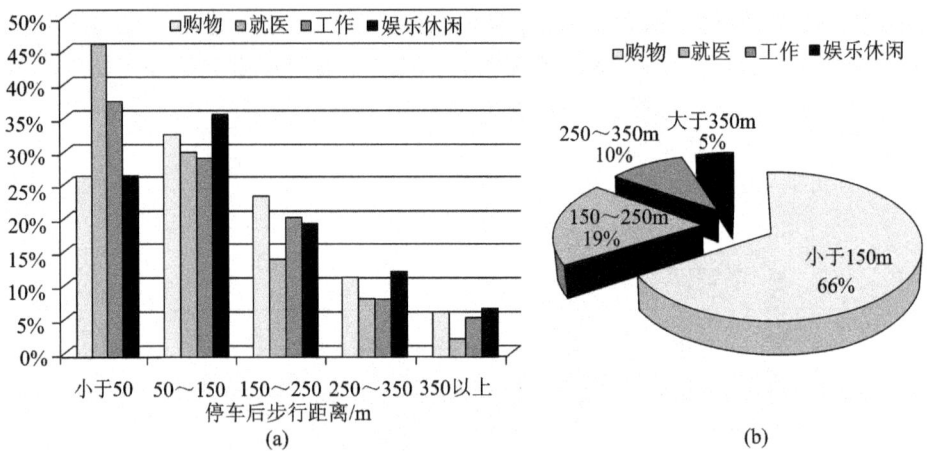

图 4.2　驾驶人共享停车调查结果

（a）停车后步行距离与停车目的的关系；（b）不同出行群体可接受的停车后步行距离和比例

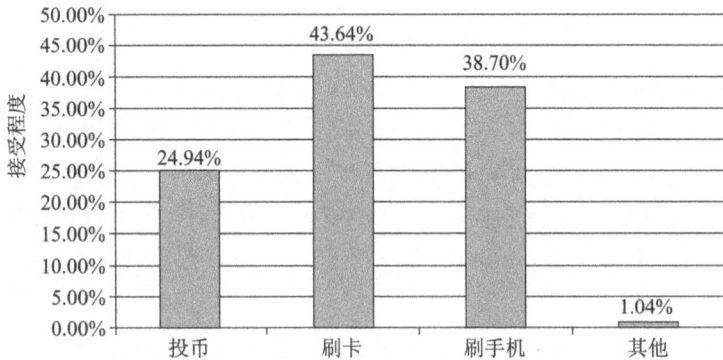

图 4.3　驾驶人对共享停车车位锁的收费形式接受程度的调查结果

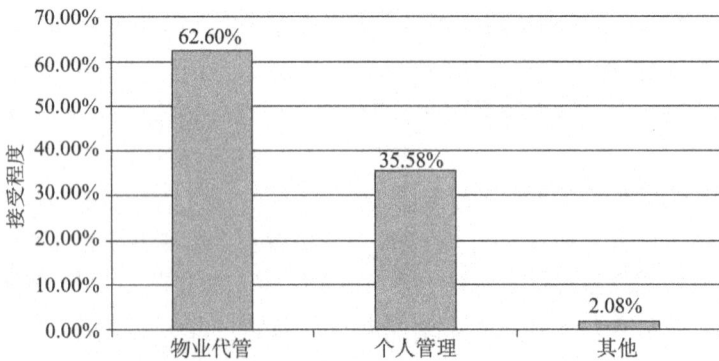

图 4.4　停车位拥有者可接受的车位锁管理形式调查结果

收费标准对停车选择也有显著影响,尤其是私人支付的情况对停车费率更加敏感。因此,利用停车收费来调控停车供需关系的效果明显(徐青等,2008)。根据共享停车调研统计,在 284 位有意愿共享停车的受访者中,56.69%的受访者可以接受与公共停车场等同的收费标准(该市区的收费标准为 2 元/h),36.62%的受访者可以接受 2～5 元/h 的收费标准,6.69%的受访者可以接受 5 元/h 以上的共享停车收费标准。因此,实施共享的关键还在于制定合理的停车收费政策。

(4)停车场形式和停车难易程度。

由于地上停车场进出方便且安全性好,更多的受访者认为地上停车场为停车首选,尤其是女性驾驶人选择地上停车场的比例偏高,如图 4.5~图 4.7 所示。

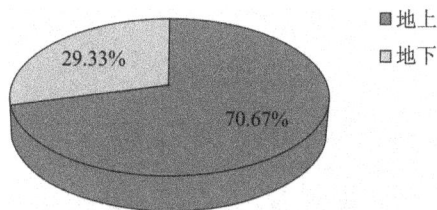

图 4.5 首选停车场类型的调查结果

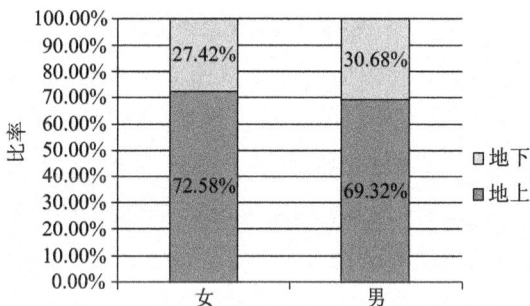

图 4.6 驾驶员性别与首选停车场形式关系图

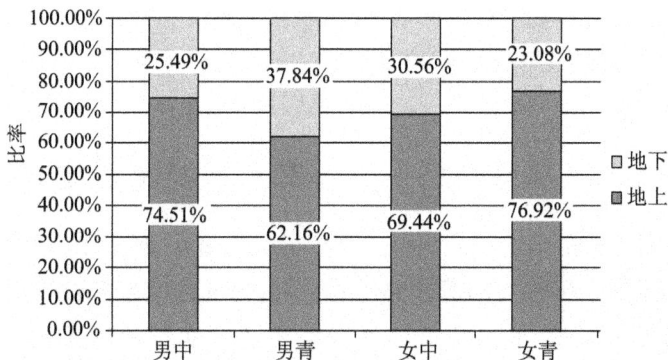

图 4.7 不同性别的驾驶人在停车场选择时的影响分析

对于"最不能接受地下停车场的哪一个不方便之处"这一问题的调查中,更多受访者认为主要是进出不方便和时间过长(图 4.8)。因此,地下停车场设计时,从进出通道设计(包括弯道弧度半径和通道宽度)、出入口位置、人车分流设计等方面都应考虑使用者的需求,不能单纯从建设成本考虑,否则会导致停车场利用率低,达不到预期的使用效果。尤其是共享停车条件下,居住区停车场的出入口位置是否邻近道路、方便进出、进出停车场是否有行人干扰,是否与居住区通道分流等都是影响共享停车选择的因素。因此,为了更好地实施居住区停车位共享,首推外向型停车场。

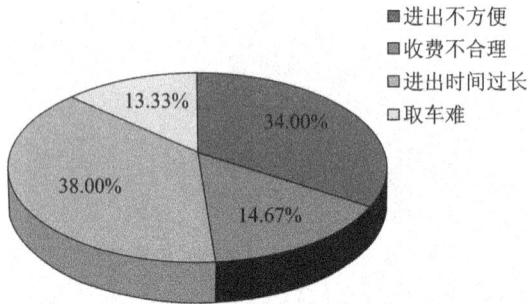

图 4.8 地下停车场的不利之处分析

(5)车辆行驶时间。行驶时间主要指从出发地到目的地停车场、共享停车场(或共享私家停车位)的行驶时间。由于驾驶人可接受的最大共享停车步行距离都在 500m 以内,从调研结果来看,由共享停车带来的行驶时间增加对驾驶人选择共享停车并不敏感。大多受访者认为驾车的舒适感明显好于步行,如果路况良好,因共享停车增加的短距离行驶可以忽略,而其最为关心的是共享停车费用和停车后步行距离。

综上,停车后的步行距离是影响共享停车的首要因素,其次是收费和停车难易程度。收费包括收费标准和收费形式,停车难易程度指停车场条件和空闲停车位数量等因素,至于是公共停车场还是居住区停车场不是影响共享停车的主要因素,而驾驶人对共享停车带来的行驶时间的增加也并不敏感。

4.2.2 诱导服从率分析——停车选择概率非集计模型

驾驶人是否接受共享平台提供的停车场诱导信息,理论上与驾驶人对诱导方案的感知效用直接相关。根据前面的分析,驾驶人的感知效用与停车费用、停车后的步行距离、停车便利性和停车信息的可靠性等因素相关(王志利,2011)。本书引入交通领域广泛应用的非集计模型对驾驶人停车场选择概率进行分析。

以随机效用理论为基础的非集计方法从微观经济学的角度(刘灿齐，2001)，以个体为分析对象，将个体的原始数据不做任何统计处理直接用来构造数学模型，也称为个人选择模型。这类方法的优点是逻辑性强、预测精度高、抽样少、转移性好、相关因素变量选择余地大(王爽，2008)。非集计模型应用于共享停车选择主要是针对个体的停车选择行为进行系统化综合，预测共享停车诱导信息对驾驶人停车选择的管理效果。在非集计模型中，可供选择的停车方案称为"选择枝"。驾驶人对某个选择枝具有的满意度称为"效用或收益"。效用是基于驾驶人通常的心理选择行为，是非集计模型的基础，驾驶人在每次抉择中总是选择效用值(或收益)最大的选择枝(邵春福，2004)。

常见的非集计模型是假定随机变量服从相互独立的 Gumbel 分布的 Logit 模型和服从多元正态分布的 Probit 模型。

假设驾驶人总是从备选方案集合 G 中，选择效用值最大的方案，即选择停车场 i(或居住区停车场 j)的条件为：

$$U_i > U_{-i} (\text{or } U_j > U_{-j}) \quad (i \neq -i, j \neq -j, j \in I, j \in J) \qquad (4-1)$$

由于随机效用理论把效用函数 U 分为可观测要素的固定项(确定效用)和不可观测的随机误差项(随机项)两个部分，并假设它们呈线性关系(章克生，2013)，则 U 可以表示为：

$$U = V + \varepsilon \qquad (4-2)$$

式中，V 为效用函数中的固定项；ε 为效用函数中的随机项。

则驾驶人选择停车场 i(或居住区停车场 j)的概率(称为停车诱导信息服从率)λ_i(或 λ_j)可以表示为如下形式：

$$
\begin{aligned}
\lambda_i &= \text{Prob}(U_i > U_{-i}; i \neq -i, i \in I) \\
&= \text{Prob}(V_i + \varepsilon_i > V_{-i} + \varepsilon_{-i}; i \neq -i, i \in I)
\end{aligned}
\qquad (4-3)
$$

或者：

$$
\begin{aligned}
\lambda_j &= \text{Prob}(U_j > U_{-j}; j \neq -j, j \in J) \\
&= \text{Prob}(V_j + \varepsilon_j > V_{-j} + \varepsilon_{-j}; j \neq -j, j \in J)
\end{aligned}
$$

其中 $0 \leqslant \lambda \leqslant 1$，$\sum\limits_{i \in I, j \in J} (\lambda_i + \lambda_j) = 1$。

由于当选择方案超过三个时，Probit 模型的计算就变得非常繁杂，因此本书仍然选择多项的 Logit 模型(王境，2008)。Logit 模型形式简单、物理意义明确，具有较好的解析性，被广泛应用于出行者选择行为分析(龚勃文，2007)。

根据多项 Logit 模型的形式（田琼等，2005），选择停车场 j 的概率模型构建如下：

$$\lambda_{nj} = \frac{\exp(V_{nj})}{\sum \exp(V_{nj})} \qquad (4\text{-}4)$$

式中，λ_{nj} 为驾驶人选择停车场 j 的概率；V_{nj} 为驾驶人选择停车场 j 的效用函数的固定项，由调查结果得样本总量 n 为 150。

效用函数固定项 V_{nj} 采用线性函数的形式：

$$V_{nj} = \boldsymbol{\theta} \boldsymbol{X}_{nj} = \sum_{k=1}^{K} \theta_k X_{njk} \qquad (4\text{-}5)$$

式中，$\boldsymbol{X}_{nj} = (X_{nj1}, X_{nj2}, \cdots, X_{njk})$ 是驾驶人共享停车的影响因素向量；$\boldsymbol{\theta} = (\theta_1, \theta_2, \cdots, \theta_k)$ 是待标定的参数向量，根据共享停车影响因素调查，150 份有效问卷的统计结果（图 4.1），取影响驾驶人共享停车选择的前六个要素为主要因素（表 4.1），即 $k=6$。

表 4.1　　　　　　　　　　　　　驾驶人停车选择影响要素

选择此处停车的原因	选择比例/%	排序
停车后的步行距离	80.00	1
停车难易程度	61.33	2
收费标准	54.00	3
停车场周边路况	45.33	4
停车场空闲停车位数	27.33	5
到停车场的行驶时间	22.67	6
其他原因	2.94	7

将其中的六个要素作为特性变量，如表 4.2 所示。

表 4.2　　　　　　　　　　　　　特性变量的选取

影响因素	停车后的步行距离	收费标准	空闲停车位数	停车难易程度	周边路况	到停车场的行驶时间
符号	W_{n1}	K_{n2}	S_{n3}	F_{n4}，方便取 1，否则取 0	R_{n5}，较好取 1，否则取 0	Q_{n6}，较短取 1，否则取 0
参数	θ_1	θ_2	θ_3	θ_4	θ_5	θ_6

所以：

$$V_{nj} = \theta_1 W_{nj1} + \theta_2 K_{nj2} + \theta_3 S_{nj3} + \theta_4 F_{nj4} + \theta_5 R_{nj5} + \theta_6 Q_{nj6} \qquad (4\text{-}6)$$

模型的参数利用 TransCAD 中的 Multinomial Logit Estimation 功能进行

标定,输入调查数据进行计算,对模型的各影响因素进行标定,具体见表4.3。

表4.3 标定结果

特性变量	θ标定值	t值
停车后的步行距离	-0.012	-3.336
收费标准	-0.287	-3.973
空闲停车位数	0.020	3.969
停车难易程度	-0.125	-0.275
周边路况	2.768	2.215
到停车场的行驶时间	0.001	0.002
样本总量	150	
$L(0)$	-63.720	
$-2[L(0)-L(\hat{\theta})]$	55.432	
命中率/%	81.7	
优度比	0.435	

由表4.3可知命中率为81.7%,优度比为0.435,模型结果比较理想,但在停放难易程度与到停车场的行驶时间因素上t的绝对值均小于1.96。说明这2个因素在95%的可靠性水平上,不对共享停车选择产生影响。所以去除这两个因素重新对模型标定,见表4.4。

新的结果表明剩余因素的t值均大于1.96,因此结果比较理想。其中停车后的步行距离、收费标准、空闲停车位数的t的绝对值均大于2.576,说明这些因素对驾驶人共享停车选择很大程度上存在影响。命中率为83.2%,高于之前的结果,所以表明此模型具有较高可靠性。

所以驾驶人选择共享停车方案的概率或者诱导服从率(λ_{nj})为

$$\lambda_{nj} = \frac{\exp(V_{nj})}{\sum \exp(V_{nj})} = \frac{\exp(-0.012W_{nj} - 0.286K_{nj} + 0.019S_{nj} + 2.756R_{nj})}{\sum \exp(-0.012W_{nj} - 0.286K_{nj} + 0.019S_{nj} + 2.756R_{nj})} \quad (4-7)$$

从共享停车效用函数的影响因素系数的符号观察,停车后的步行距离和收费标准影响因素的系数为负值,说明目的地距停车场的距离与停车费用的增加将导致共享停车的效用降低;对于空闲停车位数与周边路况的系数为正值,表明如果停车场的空闲车位数多或者周边路况良好可以使得共享停车效用增大,这都符合常规的逻辑,表明结果合理。

表 4.4   **重新标定结果**

特性变量	θ 标定值	t 值
停车后步行距离	-0.012	-3.342
收费标准	-0.286	-4.001
空闲停车位数	0.019	3.937
周边路况	2.756	2.124
$L(0)$	-63.720	
$-2[L(0)-L(\hat{\theta})]$	55.357	
命中率/%	83.2	
优度比	0.434	

从现有样本中任取三个样本,根据实际情况带入共享停车选择概率模型,来检验模型的准确性。如表 4.5 所示,根据结果显示基本符合模型构建的理念,表明概率选择模型可用。

表 4.5   **样本计算结果**

样本	接受步行距离(近似值)/m	空余车位数量/个(近似值)/元	停车费用	周边路况	λ_n
1	50	30	2		0.9632
2	150	20	5	好	0.7134
3	300	10	5	不确定(假设不好)	0.4964

4.2.3 居住区共享停车博弈关系的确立

在居住区参与的共享停车博弈行为中,主要参与者有共享停车管理系统平台(停车管理者)、停车位供应者(包括公共停车场、居住区停车场和独立的私家车位等停车设施)和驾驶人个体(图 4.9)。因此,广义的共享停车博弈过程可能包括驾驶人与共享平台,驾驶人与停车位供应者,停车位供应者和共享平台之间的合作竞争关系;也包括在高峰期停车位有限的条件下,目的地一致的驾驶人之间的非合作竞争关系。

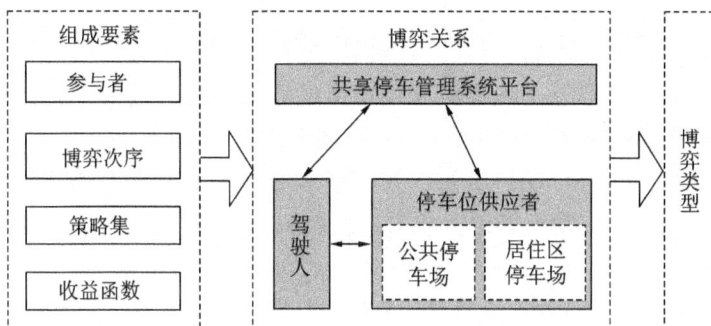

图 4.9　共享停车博弈关系

4.2.3.1　共享停车三方博弈关系

在 App 共享停车管理框架下,假设停车位供应者将泊位状态信息及时传递给共享平台,共享平台以停车选择方案的形式提供给驾驶人(图 4.1),则共享停车的三方博弈关系如下。

(1)驾驶人与共享平台之间的博弈。

共享平台从宏观考虑城市停车管理的整体效果以及停车资源协调利用问题,例如避免局部高峰停车拥堵,减少对动态交通的影响,提高停车位均衡利用率,追求社会整体停车效益最佳。而驾驶人个体则是从自身利益角度出发,考虑的是停车后的步行距离、停车方便性以及停车费用的高低。根据博弈论原理,博弈中利益完全一致的参加者只能看作一个参与者。因此,在共享平台的管理框架之下,研究共享平台与驾驶人之间的双方博弈时,可将所有的驾驶人作为一个参与者。即共享平台实时发布停车位信息,驾驶人根据接收的停车位信息做出初步决定,并假设驾驶人的选择会反馈到共享平台。随着共享停车位信息的更新,驾驶人会随时调整自己的决策,对应每个特定的策略都会产生相应的收益。因此,二者之间的博弈是动态的,有先后顺序的博弈,可视为完全信息下的动态博弈过程。

(2)共享平台与停车位供应者之间的博弈。

共享平台的目标是对自己管辖范围的停车资源协调利用,实现良好的停车管理效果。而作为停车博弈的基础——停车位供应者,由于涉及不同类型的受益方,其停车位供应的目的略有不同。本书从共享停车博弈角度出发将停车位供应者分为以下两类。

①公共停车场。公共停车场包括免费停车场和收费停车场。免费停车场

包括交通主管部门规划的为满足城市交通需求的公共停车场和营业机构为吸引客户提供的方便停车场,例如一些商场、超市等营业机构提供免费停车或者凭购物凭证免费停车等。收费停车场指由经营人主营的商业性公共停车场或者营业机构自营的收费停车场,采取市场定价机制。

②居住区共享停车场。居住区共享停车场指个人或者团体有意愿参与城市共享停车服务的停车设施。为业主或组织机构自愿行为,一般会收取一定的停车费用。

作为公共停车场,无论收费与否,本质上都是为停车服务。免费停车场主要是解决建筑物的停车吸引问题,从停车服务的角度来讲,没有利益驱使。收费停车场虽然期望自身收益最大化,希望吸引更多的车辆,但是,因车辆聚集、出入口排队会导致车辆进出不便,降低泊位周转率和停车位收益。因此,无论是免费停车场还是收费停车场同样都希望车辆有序到达,并规范停放。另外,对于参与共享停车的居住区停车场或私家停车位,一定程度上可认为是一种社会责任驱使下为解决城市停车问题所作的贡献,其共享的意愿并不是单纯的收益问题,而是停车位闲置时间的社会价值最大化(可转化为对外共享利用率的最大化)。当然,因为居住区停车位对外共享的前提是不影响业主车辆自身的使用,同样不希望因共享导致的车辆聚集,影响自身出入和停车位正常使用。从这一角度来看,所有停车位供应者对车辆管理的期望目标是一致的,即车辆有序到达并规范停放。

此外,结合上文共享平台实施停车管理的目的,停车位供应者对共享车辆的期望与共享平台的管理目标没有本质的区别,车辆有序到达停车场是实现停车位资源均衡利用的基础,均衡利用则避免了局部拥堵,保证了车辆规范停放。因此,停车位供应者和共享平台对车辆管理的目标本质上仍然是一致的,二者之间的关系主要是信息交互关系,并不存在利益方面的冲突,同样可看作一个参与者。

通过以上分析,对于公共停车场和居住区停车场,排除经营机构间的垄断管理因素,其与共享平台之间的竞争关系可以忽略,在共享停车选择博弈中只作为一个参与者对待。但是需要注意的是居住区停车场或者独立的私家停车位,因其特殊的所有权或使用权问题,需要单独考虑共享的技术和管理问题,否则必然对共享实施带来较大影响(见3.3.2和5.3.4)。

(3)停车位供应者与驾驶人之间的博弈。

根据前文的调查结果,居住区停车位供应者主要从自身利益出发,考虑的要素主要是共享停车后是否影响自身对停车位的使用,以及停车位对外共享后自身获得的收益情况。而共享驾驶人考虑的则是停车方便与否、停车费用高低和停车后的步行距离等问题。很显然两者利益并不是完全对立,按照非零和博弈理论,对于博弈中有可能存在合作关系的双方,在有效策略的指导下,可以实现二者博弈关系的合作双赢。因此,采取有效的技术和管理措施,实施居住区停车位共享,从理论上是完全可行的。

鉴于共享停车管理系统框架,居住区停车位供应者与共享驾驶人之间并没有发生直接的交互关系,有意愿参与共享的停车位供应者只是将空闲的停车位信息传递给共享平台,通过共享平台进行统一的信息发布,引导驾驶人进行共享停车。因此,实际的博弈主体仍然是共享平台与驾驶人。

因此,在有居住区停车位参与的共享停车过程中,只要解决好居住区停车位的技术和管理问题,在共享平台管理框架下,所有的停车位供应者可视为共享平台的一部分,不单独参与博弈。因此,图 4.9 的三方博弈关系模型可以演变为图 4.10 的简化模型。

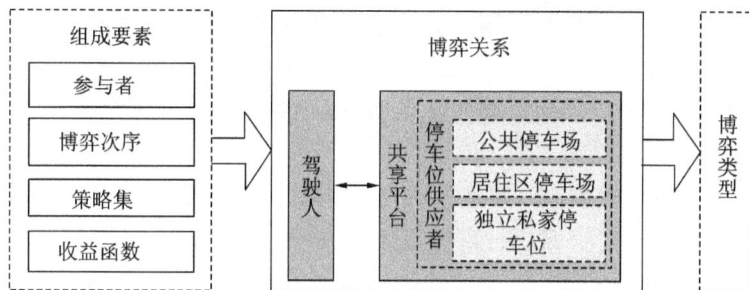

图 4.10　三方博弈关系简化模型

4.2.3.2　附属博弈

共享停车博弈过程中,除以上三方之间的核心博弈外,实际上还存在多个驾驶人之间的内部非合作博弈和违章停车的驾驶人与城市停车秩序管理者之间的博弈关系。

(1)驾驶人之间的博弈。

除了驾驶人和共享平台之间的博弈之外,在驾驶人内部也存在博弈,尤其是在高峰期停车位有限的条件下,驾驶人之间表现出一种资源竞争的关系,属于博弈论中的公共财产问题,表现为 n 个驾驶人之间的非合作博弈。

(2)停车秩序管理者和违章驾驶人博弈。

n 个驾驶人之间的非合作博弈是停车中的常见行为,如果双方妥协,则表现为共享停车,如果不妥协则表现为违章停车。但是驾驶人之间能否妥协,一定程度上还依赖于城市停车管理的水平或者说违章停车的惩罚力度及管理的持久性,即表现为停车秩序管理者和违章驾驶人之间的博弈。

4.3 居住区共享停车博弈分析

4.3.1 共享平台与驾驶人之间的动态博弈——核心博弈

良好的城市交通环境和停车秩序会使每位交通参与者受益,如停车场出入口排队时间缩短,寻泊、停车和提车时间缩短,以及剐蹭事件减少,燃耗降低、舒适感增加等。相反,为了获得良好的城市停车环境需要每位驾驶人共同的付出。通过上文分析,共享停车选择过程的核心博弈为共享平台与驾驶人之间的博弈,因此,下文重点对此博弈过程进行分析。

4.3.1.1 博弈的基本式

根据博弈论基本理论,共享博弈的基本式表示为 $G = \{N, H, V\}$。

(1)参与者集合。

1 驾驶人,2 共享平台(含停车位供应者),$N = \{1, 2\}$。

(2)策略空间。

驾驶人策略空间 $H_1 = \{$规范停车,违规停车$\}$;

共享平台策略空间 $H_2 = \{$目的地停车场,周边停车场,居住区停车场或独立的私家停车位$\}$;

参与者的具体策略用 h_{ij} 表示,即第 i 个参与者的第 j 个策略。则每个参与者的具体策略表示如下:

$h_{11} = $ 规范停车;$h_{12} = $ 违章停车;

$h_{21} = $ 目的地停车场;$h_{22} = $ 周边停车场;$h_{23} = $ 居住区停车场或独立的私家停车位。

(3)偏好和收益函数。

偏好是每位参与者根据好坏对所有博弈结果进行的排序,偏好等价于收益函数。在共享停车博弈过程中,每位参与者的收益同样取决于所有参与者的策略组合,而收益函数表示的是在其策略组合下每位参与者的收益。因此,策略组合和收益函数的关系可表示为 $V = (h_1, h_2)$,其中 h_i 表示第 i 个参与者的策略。

①当违章停车存在较大风险时,驾驶人偏好从好到坏的排序为(规范停车,目的地停车场),(规范停车,周边停车场)或(规范停车,居住区共享停车位),(违规停车,目的地停车场),(违规停车,周边停车场)或(违规停车,居住区停车场)。括弧中第 1 项表示第 1 个参与者的策略,第 2 项表示第 2 个参与者的

策略。

共享平台的偏好,从好到坏的可能排序为(规范停车,目的地停车场),(规范停车,周边停车场)或(规范停车,居住区共享停车位)。

可见,当违章停车的风险较大时,博弈双方的利益具有一致性。

②当违章停车风险较小时,驾驶人偏好从好到坏可能的排序为(规范停车,目的地停车场),(违规停车,目的地停车场),(规范停车,周边停车场)或(规范停车,居住区共享停车位),(违规停车,周边停车场)或(违规停车,居住区共享停车位)。

共享平台的偏好,从好到坏的可能排序为(规范停车,目的地停车场),(规范停车,周边停车场)或(规范停车,居住区共享停车位)。

此时二者博弈的结果存在利益偏差,即驾驶人可能违背共享平台意愿,选择违章停车,造成城市停车秩序混乱。

因此,实现停车选择一致性的关键在于提高违章惩罚风险。

(4)收益情况。

定义 $V_1(h_{1j}, h_{2k})$ 和 $V_2(h_{1j}, h_{2k})$ 分别表示驾驶人和共享平台的收益函数。根据4.2.1的分析,驾驶人在进行共享停车场选择过程中最为关心的要素是步行距离和停车费用。一般可接受500m以内的步行距离,分场合和城市规模大小有所差异。大部分人都能接受与公共停车场同等标准的共享停车收费,特殊条件下,部分受访者甚至可接受相当于市场价格两倍的共享停车收费;其次是路况和空余停车位数等能否保证顺利停车的因素。这些要素是驾驶人停车场选择收益函数的直接要素。假设在共享停车过程中,驾驶人停车场选择博弈的支付表现为停车费用、停车后的步行距离、巡游时间和出入口排队时间(由路况和空余停车位要素转化),违章停车罚款和违章停车导致的车辆剐蹭等的综合效用,则驾驶人的收益函数可表示为 $V_1(k, W, T, U, \cdots)$,括弧内变量分别表示收费标准、步行距离、时间和违章停车损失等要素。而共享平台的管理效果主要体现在停车秩序,文中采用定义高峰泊位空闲指数差异均值的形式表示。具体指标定义如下。

指标定义1:停车场 i 在 t 时刻的停车位空闲指数 R_{it} 等于空闲停车位数与总停车位数之比,即 $R_{it} = D_{it}^{\text{idle}}/D_i$,其中 D_i 为停车场 i 的总停车位数。

指标定义2:假设某地有 N 个停车场,将某时刻各停车场的停车位空闲指数按照递增序列排序:$R_1 \leqslant R_2 \leqslant \cdots \leqslant R_i \leqslant \cdots \leqslant R_N$,则有停车位空闲指数差值 $\Delta R_i = R_i - R_1$;令 θ_{peak} 为高峰判别值,当 $R_1 \leqslant \theta_{\text{peak}}$ 时,表明该停车场进入停车高峰期,则称 $\overline{\Delta R}_{R_1 \leqslant \theta_{\text{peak}}} = \frac{1}{N-1} \sum_i \Delta R_i$ 为高峰泊位空闲指数差异均值(the mean of parking unoccupied index difference,MPUID),用于衡量停车高峰期各停车场停车位资源的均衡利用情况。MPUID 指数越高,表明各个停车场利用率差异较大,部分停车场高峰拥堵严重,停车秩序混乱;MPUID 指数越小,表明各个停车场的利用趋于均衡,停车秩序良好。

假设停车过程中可能涉及的要素符号表示如下。

F:违章停车罚款,元;　　　P_1:违章受到处罚的概率;

U_2:违章停车造成的车辆损失(如划伤);　　　P_2:车辆损失概率;

T_2:停车排队、寻泊时间,h;　　　P_3:时间损失概率;

k_1:停车场收费标准,元/h;　　　T_1:平均停车时间,h;

k_2:周边停车场费率标准,元/h;　　　K_3:居住区共享停车费率标准,元/h;

a:步行距离转换指数,元/m;　　　β:时间转换指数,元/h;

ΔT:因共享停车增加的停车时间,h;

W_1:周边共享增加的步行距离,m;　　　W_2:居住区共享增加的步行距离,m。

根据以上定义和假设,可写出驾驶人和共享平台在所有策略组合下的收益情况。例如 $V_1(h_{11},h_{21})=k_1T_1$,$V_2(h_{11},h_{21})=0$ 表示驾驶人目的地规范停车时只需支付停车费用(假设目的地停车场停车时步行距离成本忽略);而对停车设施管理者来讲意味着停车管理效果良好。$V_1(h_{12},h_{21})=k_1T_1+FP_1+U_2P_2+\beta T_2P_3$,$V_2(h_{12},h_{21})=$MPUID,表示驾驶人在目的车场违章停车,可能需要缴纳违章停车罚款,存在车辆剐蹭、停车排队等风险;而对停车管理者则意味着城市停车管理效果差,乱停乱放造成局部停车排队,占用道路资源等不良现象。而 $V_1(h_{11},h_{23})=k_3(T_1+\Delta T_2)+aW_2$,$V_2(h_{11},h_{23})=0$ 则表示当驾驶人到附近居住区共享停车时,虽然可能付出更多的停车费用和步行距离,但是却保证了城市停车秩序良好。以此类推,可将所有的策略组合和相应的收益列成一个支付矩阵,形式如图 4.11 所示。

驾驶人

		规范停车	违章停车
共享平台	目的地停车场	k_1T_1,0	$k_1T_1+FP_1+U_2P_2+\beta T_2P_3$,MPUID
	周边停车场	$k_2(T_1+\Delta T_1)+aW_1$,0	$k_2(T_1+\Delta T_1)+aW_1+FP_1+U_2P_2+\beta T_2P_3$,MPUID
	居住区停车场	$k_3(T_1+\Delta T_2)+aW_2$,0	$K_3(T_1+\Delta T_2)+aW_2+FP_1+U_2P_2+\beta T_2P_3$,MPUID

图 4.11　博弈支付矩阵

上述支付矩阵所有策略组合的收益情况也可用以下组合表示:

$$V_1(h_{11},h_{21})=k_1T_1,\qquad V_2(h_{11},h_{21})=0;$$

$$V_1(h_{11},h_{22})=k_2(T_1+\Delta T_1)+aW_1, \qquad V_2(h_{11},h_{22})=0;$$

$$V_1(h_{11},h_{23})=k_3(T_1+\Delta T_2)+aW_2, \qquad V_2(h_{11},h_{23})=0;$$

$$V_1(h_{12},h_{21})=k_1T_1+FP_1+U_2P_2+\beta T_2P_3, \qquad V_2(h_{12},h_{21})=\text{MPUID};$$

$$V_1(h_{12},h_{22})=k_2(T_1+\Delta T_1)+aW_1+FP_1+U_2P_2+\beta T_2P_3,$$
$$V_2(h_{12},h_{22})=\text{MPUID};$$

$$V_1(h_{12},h_{23})=k_3(T_1+\Delta T_2)+aW_2+FP_1+U_2P_2+\beta T_2P_3,$$
$$V_2(h_{12},h_{23})=\text{MPUID}。$$

4.3.1.2 停车高峰期的博弈基本式

当某停车场处于停车高峰期时,共享平台提供给驾驶人的停车位信息只能是周边或居住区的共享方案,如果违章风险较小,驾驶人的策略除了共享停车,很有可能是违章停车。因此,停车场高峰期驾驶人与共享平台的博弈支付矩阵如图 4.12 所示。

驾驶人

		共享规范停车	目的地停车场
共享平台	周边停车场	$k_2(T_1+\Delta T_1)+aW_1,0$	$k_1T_1+FP_1+U_2P_2+\beta T_2P_3,\text{MPUID}$
	居住区停车场	$k_3(T_1+\Delta T_2)+aW_2,0$	$k_1T_1+FP_1+U_2P_2+\beta T_2P_3,\text{MPUID}$

图 4.12 停车高峰期博弈支付矩阵

4.3.1.3 博弈基本式的纳什均衡解

从图 4.11、图 4.12 的支付矩阵可以看出,对于共享平台,任何情况下对驾驶人期望的规范停车都是其最优策略,但对于驾驶人的最优策略则取决于以下两种情况下的支付函数。

如果违章惩罚的概率较低或者惩罚风险较小,违章停车的成本较低,此时,驾驶人选择违章停车为其最优策略,根据纳什均衡定理,该博弈没有严格优策略。当违章惩罚风险较大或者停车诱导信息有效,导致支付函数值为

$$k_2(T_1+\Delta T_1)+aW_1<k_1T_1+FP_1+U_2P_2+\beta T_2P_3$$

或者
$$k_3(T_1+\Delta T_2)+aW_2<k_1T_1+FP_1+U_2P_2+\beta T_2P_3$$

这对驾驶人而言,意味着共享停车时的支付较小,理智的驾驶人一定会选择共享停车策略,而此时的 MPUID 指数也最低。策略组合(共享规范停车,周边停车场)或(共享规范停车,居住区停车场)为该博弈的严格优策略,即共享停车方案为博弈的纳什均衡解。

上述分析表明,要减少违章停车,实现良好的城市停车秩序,一方面要加强停车管理处罚和监管力度,迫使驾驶人选择共享停车,交通安全意识不强的条件下尤为必要;另一方面要提高城市停车管理信息化水平,加强交通安全意识宣传工作,提高人们有序停车的意识。有效的停车管理信息系统能够为驾驶人提供有效的停车位信息,缩短巡游和停车排队时间,诱导驾驶人快捷有效停车,降低共享停车的成本,利于推进共享停车的有效实施。即加大违章停车检查、惩罚力度可以提高违章成本,而便捷的城市停车管理信息系统则是降低共享停车成本的必要手段,二者的有效结合才能实现最佳的城市停车管理效果。下文将对这两个问题分别进行研究,此处先讨论停车拥挤和违章停车问题。

4.3.2 n 个驾驶人之间的博弈——拥挤停车与共享停车选择问题

停车场选择过程中,除了上述的驾驶人和共享平台之间的动态博弈行为,还存在着 n 个驾驶人之间的博弈行为,尤其是高峰期的拥挤停车博弈行为。

4.3.2.1 拥挤停车和共享停车问题

共享停车可以减少违章停车对动态交通的影响,但会导致驾驶人停车后步行距离增加,停车成本升高。相比之下,目的地停车场停车的最大优势在于步行距离短。但是现实中因驾驶人的偏好和违章停车惩罚风险较小,经常导致部分停车场高峰拥挤,而周边居住区或其他停车场空闲,或者地上停车场拥挤而地下空闲的现象。针对此种情况,利用博弈论思想对这一现象产生的本质和原因进行分析。

假如每位驾驶人个体的偏好都是目的地停车场,出行高峰期目的地停车场很可能被过度利用,违章停车严重者将造成停车拥堵。因此,某一停车场经常发生拥挤的直接原因是停车资源供给与需求的矛盾,根本原因在于停车位稀缺。这些违章占用的"免费"停车位具有了公共物品的特征,对于驾驶人来说可以取得最大效益,越来越多的理性驾驶人将选择违章停车,以获得私有利益。因此,违章停车问题可用博弈论中的公共财产问题来解释(刘志刚等,2005)。

假设某建筑物某一时间段吸引的客流人数为 n,p_i 表示第 i 人驾车且选择就近停车(包括规范停车和违章停车)的概率。在选择就近停车问题上,彼此不存在合作,每个人做出决定的准则就是为自身提供最大的便利性,则该建筑物因吸引客流产生的停车数的可能性为 $P = p_1 + p_2 + \cdots + p_n$。假设该建筑物配建停车位数为 D_0,则当 $P \leqslant D_0$ 时,因为仍有一定的空余停车位,停车管理效果良好，$V(P)>0$；当 $P>D_0$ 时，意味着计划来此停车场停车的车辆总数大于停车位数，如果这些驾车出行者都执意就近停车，势必造成停车秩序混乱，停车管理效用降低，$V(P)\leqslant0$，不但个人停车效用下降，也表现为停车场管理效果差，MPUID 指数增加，甚至发生停车拥挤，导致停取车缓慢、车辆剐蹭事件等。

现将该博弈转化为基本式 $G=\{N,H,V\}$。

(1)参与者集合：定义驾驶人数(N)为 $1,2,3,\cdots,n$；$N=\{1,2,\cdots,n\}$。

(2)策略空间：驾驶人 i 所需的停车位数为 p_i，策略空间 $H_i=[0,D_0]$，$i\in N$。

(3)收益函数：假设所有的出行者都有可能驾车出行，第 i 人选择驾车的可能性 $p_i\in[0,1]$，则其他选择驾车出行的可能性为 $P_{-i}=p_1+p_2+\cdots+p_{i-1}+p_{i+1}+\cdots+p_n$，则就近停车概率 p_i 给第 i 人带来的停车效用为：

$$V_i=P_i\cdot v(p_{-i}+p_i) \tag{4-8}$$

若($p_1^*,p_2^*,\cdots,p_n^*$)为纳什均衡点，则对每位驾驶人来说，当其他人选择($p_1^*,p_2^*,\cdots,p_{i-1}^*,p_{i+1}^*,\cdots,p_n^*$)时，$p_i^*$ 必须使式(4-8)最大化，则这一问题最优解的前提是：

$$\frac{\mathrm{d}V_i}{\mathrm{d}p_i}=0 \tag{4-9}$$

即

$$v(P_{-i}^*+p_i)+p_i\cdot v'(P_{-i}^*+p_i)=0 \tag{4-10}$$

这里 $P_{-i}^*=p_1^*+p_2^*+\cdots+p_{i-1}^*+p_{i+1}^*+\cdots+p_n^*$，利用对称性可以得知式(4-10)是使每一个驾驶人效用最大化的充要条件。根据纳什均衡的定义 p_{-i}^* 一定是式(4-10)的解。将 p_{-i}^* 代入式(4-10)，并把所有人的停车最优化决策条件累计求和，得：

$$nv(P^*)+P^*\cdot v'(P^*)=0 \tag{4-11}$$

式(4-11)除以 n，得到式(4-12)：

$$v(P^*)+\frac{P^*\cdot v'(P^*)}{n}=0 \tag{4-12}$$

其中，$P^*=p_1^*+p_2^*+\cdots+p_n^*$。

但是，所有驾驶人的最优选择策略 P^{**} 应满足：

$$P^{**}\cdot v(P^{**})=\underset{1<P<n}{\mathrm{Max}}P\cdot v(P) \tag{4-13}$$

一阶条件：$V(P^{**})+P^{**}\cdot v'(P^{**})=0 \tag{4-14}$

二阶条件：$2V'(P^{**})+P^{**}\cdot v''(P^{**})<0 \tag{4-15}$

比较式(4-12)和式(4-14)可知，$P^*>P^{**}$，即从整体停车效果来看，系统不是最优。多增加一个就近停车的车辆，对个体增加收益 $v(P_{-i}^*+p_i)$ 的同时，对整体却带来了负面效应 $p_i\cdot v'(P_{-i}^*+p_i)$。因为每个人都只考虑自己的停车收益最优，而忽略了其行为对整个城市交通的负面影响，因而造成了停车拥挤，表现为式(4-12)中的 $P^* \cdot v(P^*)/n$，而非式(4-14)中的 $P^{**} \cdot v'(P^{**})$。

综上，城市停车问题整体上可以看作是典型的非合作多人博弈——囚徒困境，虽然表面上看每个人的选择都是理性的，但是众人叠加起来的行动效果却是非理性的。因此，为了维持城市整体停车秩序良好，需要部分驾驶人做出牺牲，采取合作的态度，在停车高峰期放弃自驾车出行或者进行共享停车，才能有效避免停车拥挤。根据纳什均衡理论，无差异的个体驾驶人可以通过选择不同的停车策略来使自身的收益最大化，只有当选择共享停车与选择目的地停车场停车的比例达到均衡时，才能实现整体停车效益最佳。因此，政府应采取积极的鼓励和引导措施，推行共享停车，使各类停车资源的利用达到纳什均衡。

4.3.2.2 拥挤停车问题博弈分析结果

为了维持整体停车效果，解决城市停车拥挤问题，需要找出上述模型中与 P^* 相关的变量进行有效控制，使 P^* 渐趋近于 P^{**}。

根据式(4-12)可得纳什均衡解：

$$P^* = -\frac{n \cdot v(P^*)}{v'(P^*)} \tag{4-16}$$

要使纳什均衡解 P^* 趋近于最优解 P^{**}，可通过对 P^* 加以控制，从而使 $v(P^*)$ 和 $v'(P^*)$ 的取值发生变化来实现。由此可得出以下几点推论。

推论1：其他条件不变，通过政策调控降低均衡时的纳什均衡解 P^*，使之趋近于系统最优解 P^{**}。例如可采取车辆限行、停车换乘、提高停车收费标准或采取阶梯式收费等措施加强停车需求管理(蒋亚磊，2007)。

推论2：其他条件不变，增加均衡状态下的纳什均衡解 P^* 对城市停车资源占用的 $v(P^*)$，使之趋近于 $v(P^{**})$。例如加强停车规范化管理，减少一车占用多个车位现象，提高泊位利用率；或者加强绿色出行的宣传力度，鼓励公共交通等绿色出行方式(吴迪，2016)。

推论3：其他条件不变，提高 D_0，进而提高 $v(P^*)$，使均衡状态的车辆总数 P^* 趋近于最优均衡状态的车辆数 P^{**}。针对这一推论，可以通过建设立体停车库以增加停车位数，或者倡导全民积极参与居住区停车位共享停车，增加可用停车位的供应。从成本和资源有效利用角度分析，实施居住区共享停车是最佳的途径。

推论4：其他条件不变，降低占用停车空间对城市停车资源占有的满意度 $v(P)$ 的值，提高 $v'(P^*)$，使均衡状态的车辆总数 P^* 趋近于最优均衡状态的车辆数 P^{**}。例如，设计更加人性化、便利性的停车空间。驾驶人占用停车空间，无非就是在为自己停放车、取车提供便利条件。如果停车场设计者在设计停车位时,不仅从停车位数量来考虑,更要从驾驶人的便利性角度考虑。当停车场的设计使停车取车相当便利时,驾驶人便不会多占用额外的停车空间,从而可使停车场发挥最大的效用。

4.3.3 停车秩序管理者和违章驾驶人之间的博弈 ——违章处罚问题

上述驾驶人之所以倾向于选择违章停车,主要是因为违章停车的收益与共享停车收益相比对自身更有利,即违章停车的惩罚风险较小。因此,分析违章停车检查和处罚力度阈值可为加强城市停车管理提供依据(邵祖峰,2006a)。

4.3.3.1 违章检查与违章停车的博弈

在城市停车中,总会存在一些违反停车秩序的驾驶人,因为违反停车秩序可能会使自身受益,尤其是惩罚风险较低的情况下。停车秩序管理者(简称管理者)作为维护城市交通秩序的一方,必然要采取一定的管理手段来维持良好的停车秩序,二者之间就出现了一些利益冲突。如果双方都是理性的决策者,博弈中都理智地选择策略,那么在此基础上就可以构建一个违章驾驶人和停车秩序管理者的博弈模型。

假定管理者进行违章检查需要支付一定的管理成本,记为 C 元,驾驶人违章停车行为一旦被发现就被罚款 F 元,驾驶人规范停车和违章停车时的收益分别标记为 V_{11}、V_{12}。显然,对违章停车者存在 $V_{12} > V_{11}$;且对于停车秩序管理者存在 $-C+F > 0$。则该情形下的博弈矩阵如表 4.6 所示。

表 4.6 停车秩序管理者和违章驾驶人博弈收益模型

驾驶人	管理者检查	管理者不检查
违章停车	$V_{12}-F, -C+F$	$V_{12}, 0$
规范停车	$V_{11}, -C$	$V_{11}, 0$

根据上述假设,当驾驶人选择规范停车时,因为 $-C > 0$,管理者的选择策略应是不检查;而当管理者不检查时,驾驶人的最佳策略则变为违章,此时 $V_{12} > V_{11}$;当驾驶人选择策略变为违章停车时,管理者的最佳策略又变为检查,因此 $-C+F > 0$。二者的策略总是随着一方策略的改变而变化,双方的利益永远不会一致。因为此博弈关系中通过任何一个纯策略组合的变化都会使某个参与者单独受益(邵祖峰,2006b;周元峰,2007)。

假定管理者进行停车秩序检查的概率为 η，驾驶人违章停车的概率为 ξ，则管理者期望的收益可表示为：

$$E_1 = \eta\xi(-C+F) - \eta(1-\xi)C = \eta\xi F - \eta C \tag{4-17}$$

驾驶人的期望收益为

$$E_2 = \eta\xi(V_{12}-F) + (1-\eta)\xi V_{12} + \eta(1-\xi)V_{11} + (1-\eta)(1-\xi)V_{11}$$
$$= \eta\xi F + \xi(V_{12}-V_{11}) + V_{11} \tag{4-18}$$

在式(4-17)中，求 E_1 对 η 的偏导数，令其等于0，得 $\xi^* = C/F$。即当驾驶人的违章概率大于 C/F 时，管理者的最优策略是检查；当驾驶人的违章停车概率小于 C/F 时，管理者的最优策略是不检查(范珉,2010)。

在式(4-18)中，求 E_2 对 ξ 的偏导数，令其为0，得 $\eta^* = (V_{12}-V_{11})/F$。即当管理者监督检查概率大于 $(V_{12}-V_{11})/F$ 时，驾驶人最优策略是规范停车；当管理者监督检查概率小于 $(V_{12}-V_{11})/F$ 时，驾驶人最优策略是违章停车(曹学明,2007)。因此该博弈的混合策略的纳什均衡是：$\eta^* = (V_{12}-V_{11})/F, \xi^* = C/F$。即驾驶人以 $\xi^* = C/F$ 概率进行违章停车选择，管理者以 $\eta^* = (V_{12}-V_{11})/F$ 的概率严格检查。

4.3.3.2 博弈分析结果——违章停车管理措施分析

因此，为了防止违章停车现象常态化，建议城市停车管理可采取如下措施。

(1)根据结论 $\xi^* = C/F$，当 $\xi < \xi^*$ 时，停车秩序管理者的最优策略是不检查；因此降低 ξ^* 的值，即驾驶人违章的概率降低时，对减少管理者的监督检查成本有利(谭冰等,2013)。

可以采取的相应措施有：检查措施和方案优化，采用高效的信息技术手段(例如咪表等)降低检查成本 C；合理安排检查人力和物力投入，加大处罚力度 F。

(2)根据结论 $\eta^* = (V_{12}-V_{11})/F$，当 $\eta > \eta^*$ 时，驾驶人的最优选择是规范停车。因此降低 η^* 的值有利于防止违章。

可以采取的措施有：加强交通安全宣传教育和交通道德观教育，减少驾驶人采取违章与规范停车策略的效用差别 $(V_{12}-V_{11})$，如通过教育驾驶人使之感到违章行为可耻，因违章停车导致的期望后果更严重等，这样会迫使驾驶人自觉调整两种停车方案的感知效用。从这一点来看，单纯的罚款制度并不能消除违章停车，尤其是在"有钱任性"的价值观之下，必须采取一定的能够反映社会成本的措施才能有效治理违章问题。

从博弈论角度来看，对于违章停车行为，驾驶人因违章会产生一定的社会成本，比如违规占道，造成过往车辆不便，车主内心也会因歉意而产生一定的社会成本。但是因为有了罚款制度,驾驶人的社会成本就被罚款掩盖了,因为他已经被罚款,而不需要歉疚了。这里面的罚款就起到了合约的作用,即违章的社会成本被精确度量的经济成本——罚款所代替了。因此,当驾驶人违章停车时,他会把违章的社会成本和经济成本进行比较,如果代表经济成本的罚款低于社会成本时,驾驶人会愿意缴纳罚款,违章的成本无形中被降低了,违章者也越来越多。因此,单纯的违章罚款策略管理效果有限。假如仿照城市动态交通的管理办法,设置一定的行为分,违章停车会扣除一部分行为分,那么在相应的管理措施之下,驾驶人会考虑其社会成本而倾向于共享停车。

4.3.4　三种博弈分析的思考

通过以上三种博弈的分析可知,首先,不管从哪个角度考虑,加大违章监督检查和惩罚力度都是减少违章停车的必要手段之一;其次,开展有效的停车宣传工作也是搞好城市停车管理工作的必要措施;再次,大力发展城市停车管理信息系统,并将居住区停车位纳入共享停车的范畴,为驾驶人提供更多的停车资源和选择空间,利于减少违章,这也是未来解决城市停车问题的最有效途径;最后,考虑违章停车社会成本在停车管理中的作用,建议设置一定的行为分,对驾驶人的不规则行为进行约束,才能更好地实施共享。

通过上述有关共享停车与违章停车的博弈分析,当处于停车高峰期时,如果周边环境(例如居住区与停车高峰的建筑物是毗邻关系)良好,能够提供便利的共享停车场所,在严格规范的停车管理政策和便捷的停车信息诱导之下,理智的驾驶人之间自然会形成一种默契的合作关系,自愿选择到居住区停车场进行共享停车。

4.3.5　共享停车博弈分析结果应用算例

为了改善城市停车秩序,提高城市道路违章惩罚的效果,拟在违章停车处罚中采取新的惩罚措施,对违章停车者采取"递增递涨"的惩罚机制,每年违章 5 次以内的车辆,罚金递增比例为上一次的 5%;违章 6～10 次的车辆,罚金递增比例为上一次的 10%;违章 10 次以上者递增比例为上一次罚金的 15%。假设因违章停车造成的车辆损伤概率为 0.5%,车辆损失平均修复的费用为 200 元;停车时间损失概率为 5%,寻泊或排队等候时间损失约为 10min;所有停车场的收费标准均为 2 元/h。停车后的步行速度仍然按 1.3m/s 计算,取时间转换指数为 44 元/h(陈莎等,2006),假设驾驶人因共享停车增加的步行距离为 180m。试求解下列问题:

(1)假设每违章一次,罚款 100 元,当驾驶人违章停车概率(ξ)为 6% 时,管理者以多少的监督检查概率才能使驾驶人自觉共享停车?

(2)若管理者想降低管理成本,即使驾驶人违章停车概率(ξ)为 6%,管理者也只想以 5%的监督检查概率进行违章检查。请问,应将违章罚款标准调整至多少元才可能迫使驾驶人自觉共享停车?

(3)假设驾驶人在"递增递涨"的制裁策略之下,都不愿一年之内因违章被罚超过 5 次,则可将(2)中的调整标准作为第 5 次被罚的款额,请计算在最小罚款金额下,管理者的监督检查概率是多少?

(4)在(2)的罚款标准下,假设管理者每次查处时平均支付的费用为 8 元。请利用违章处罚问题的研究结论分析驾驶人违章停车概率(ξ)为 6%时,能否进行停车违章检查。

(5)假设为使违章停车治理更加有效,除了引入高效的停车诱导管理信息系统之外,增设驾驶行为的总分为 200 分,每次违章被查处时除了罚款 100 元外,还需扣除行为分 30 分,在违章处罚标准不变的情况下,分析对管理者的违章检查策略会有何影响?

解:根据题意,有下列参数:

$$U_2 = 200 \text{ 元}; \quad P_2 = 0.5\%; \quad T_2 = 10\text{min}; \quad P_3 = 5\%; \quad k_1 = k_2 = k_3 = 2 \text{ 元/h};$$
$$\beta = 44 \text{ 元/h}。$$

则步行距离转换指数 $\quad a = \dfrac{44}{1.3 \times 60 \times 60} = \dfrac{11}{1170} (\text{元/m})$;

因共享停车而增加的停车时间:$\Delta T_1 = \dfrac{2W_1}{1.3 \times 60 \times 60} = \dfrac{W_1}{2340}(\text{h})$;

当 $W_1 = 180\text{m}$ 时:

周边共享支付:$k_2(T_1 + \Delta T_1) + aW_1 = 2(T_1 + \dfrac{180}{2340}) + \dfrac{11}{1170} \times 180$

目的地违章停车支付:

$$k_1 T_1 + FP_1 + U_2 P_2 + \beta T_2 P_3 = 2 \times T_1 + FP_1 + 200 \times 0.5\% + 44 \times \dfrac{1}{6} \times 5\%$$

因为驾驶人共享停车的条件是:违章停车支付大于共享停车支付,所以有:

$$2 \times T_1 + FP_1 + 200 \times 0.5\% + 44 \times \dfrac{1}{6} \times 5\% > 2(T_1 + \dfrac{180}{2340}) + \dfrac{11}{1170} \times 180$$

即: $$FP_1 > 0.479487$$

(1)因为违章被处罚概率 $P_1 = \eta\xi$,所以,当 $F = 100$ 元时

$$\eta\xi > 0.479487\%$$

$$\eta > \dfrac{0.479487\%}{6\%} = 7.99\%$$

所以,如果驾驶人违章停车概率(ξ)为 6% 时,管理者的检查概率必须大于 7.99% 时,才能迫使驾驶人共享停车。反之,如果监督检查概率小于 7.99%,则驾驶人仍会抱有侥幸心理,选择违章停车。

(2)当驾驶人违章停车概率(ξ)为 6%,管理者监督检查概率(η)为 5% 时,要想让驾驶人自觉共享停车,则必须满足如下条件:

$$F\eta\xi>0.479487$$

$$F>\frac{0.479487}{\eta\xi}=159.83(元)\approx160(元)$$

即至少将违章罚款调整至 160 元才能促使驾驶人自觉共享停车(注:案例仅供解题参考,不作为调整依据)。

(3)若将 160 元作为第 5 次被罚的款额,则第 1 次被处罚的款额:

$$F_1=160\times(1+5\%)^{-4}=131.63(元)$$

$$\eta>\frac{0.479487}{F\xi}=\frac{0.479487}{131.63\times6\%}=6.07\%$$

即此条件下,管理者的最低监督检查概率应为 6.07%。

(4)当检查费用(C)为 8 元/次时,根据违章处罚问题结论,监督检查的临界值:

$$\xi^*=\frac{C}{F}=\frac{8}{160}\times100\%=5\%$$

但是因为实际的违章停车概率(ξ)为 6%,超出了临界值,所以,管理者的策略是仍要坚持检查。

(5)根据博弈分析,驾驶人之所以选择违章停车是因为违章的收益 V_{12} 大于共享规范停车的收益 V_{11}。因此,降低 V_{12},使其小于或等于 V_{11},驾驶人自然会接受共享停车。仅仅采用违章罚款策略,对某些驾驶人的感知收益仍然是 $V_{12}>V_{11}$;当采用违章加罚分的叠加策略或者仅仅是罚分的惩罚策略时,会使驾驶人的感知收益发生变化,当 $V_{12}<V_{11}$ 时,驾驶人的最优策略发生了变化。从公式 $\eta^*=(V_{12}-V_{11})/F$ 可以看出,因为 η^* 降低,使得 $\eta>\eta^*$ 很容易成立,即管理者的监督检查概率可以大大降低,明显减少检查成本和工作量。

4.4　居住区共享停车博弈均衡形式

根据上文分析,在共享平台管理之下的停车场选择过程中主要包含两个层次的博弈。第一层(核心博弈)是驾驶人与共享平台之间是否响应诱导信息策略的博弈;第二层(附属博弈)是停车高峰期 n 个驾驶人之间对停车场利用的博弈,即拥挤停车与共享停车的博弈;第一层的诱导信息准确性和服务质量直接影响第二层博弈的结果,第二层博弈的均衡结果是第一层博弈管理的目标,两层博弈之间互为因果,密不可分。如表 4.7 所示。

表 4.7 **共享停车信息诱导下的停车选择博弈关系**

	参与者	共享停车管理系统平台、驾驶人
核心博弈	博弈规则	共享平台根据各停车场空闲停车位信息和停车请求情况制定停车场分配方案
		驾驶人根据出行目的地和停车位诱导信息做出选择
	收益函数	MPUID,表现为 $\overline{\Delta R} = \dfrac{1}{N-1} \sum_{R_i \leq \theta_{max}} \Delta R_i$
		$V_1(k, W, T, U, \cdots)$,表现为时间、费用、步行距离和违章风险等的综合收益
	结果	城市共享停车管理系统平台实现城市停车均衡化管理效果,并不断调整分配方案
		驾驶人选择能够实现自身效用最大化的停车场
附属博弈	参与者	预计同一时段到达同一停车场的 n 个驾驶人
	博弈规则	在停车方案相同或具有相同停车场的诱导信息诱导下,驾驶人根据自己意愿进行停车场选择
	收益函数	$v(p_i + P^*_{-i})$
	结果	驾驶人选择能够实现自身效用最大化的停车场

针对以上博弈类型和博弈关系的分析,共享停车选择博弈过程中可能涉及的均衡形式有以下几种(王纯,2014)。

4.4.1 共享停车博弈的纳什均衡

第二层博弈中,共享平台只作为信息服务者,为驾驶人提供出行目的地周边的停车位信息,并不体现管理者的职能,n 个驾驶人之间是非合作竞争博弈,其博弈的均衡是纳什均衡。

根据纳什均衡博弈(姚国庆,2007),如果博弈 $G = \{N, H, V\}$ 的每个参与者都有严格优策略,那么该博弈唯一的均衡解一定是严格优策略组合(刘晨,2011)。

所以,只需找到收益矩阵的严格优策略即为该停车选择博弈的纳什均衡解。

在前面讨论的 n 个驾驶人的纳什非合作博弈中,对于个体驾驶人,进行停车场选择的原则一般会依据出行目的地而定,不会考虑停车场是否得到均衡利用的问题。因为停车场是否均衡利用对驾驶人不会带来任何利益,因此,当驾驶人选择停车场时一般只会选择对自己出行有利的停车场,例如停车后步行距离最短、停车费用最低或者停车方便等。借用交通流理论的概念,可将这种停车均衡称为用户均衡,这种情况下的博弈属于 n 个驾驶人的纳什非合作博弈(何增镇,2010),其博弈的均衡解是纳什均衡。

所谓纳什均衡(Nash Equilibrium)是完全信息静态博弈解的一般概念,指的是一个博弈关系中各个参与者最优策略的组合,这种组合虽然可能不是各个参与者整体利益或各参与者利益的最大化,但由于任何一方都不能打破这种均衡,即不能通过其中一方自身策略的改变使其得到更好的收益,因此没有任何一个参与方会想要改变现有的状态,纳什均衡是在一定的博弈规则和博弈环境下各个参与者的必然结果,但是纳什均衡只是一种平衡,而不是最优的结果(蔡艳锋等,2010)。

假定在某区域的城市交通路网中有 n 个驾驶人,H_i 为驾驶人 i 的停车策略空间,h_i 为 H_i 中的第 i 个策略,$h(h_1,h_2,\cdots,h_n)$ 为一个策略组合,$V(h_1,h_2,\cdots,h_n)$ 为出行者选择策略组合 $h=(h_1,h_2,\cdots,h_n)$ 的效用函数,则可定义博弈过程为 $\Lambda=\{H_1,H_2,\cdots,H_n;V_1,V_2,\cdots,V_n\}$。策略空间 H_i 是驾驶人 i 在可接受的步行距离范围内可选择的停车场集合,V_i 为其相应的效用函数。根据纳什均衡理论定义共享停车 n 个驾驶人之间非合作博弈的纳什均衡:

定义 4.1　共享停车纳什均衡　在 n 个驾驶人的共享停车选择博弈过程中,如果每位驾驶人 i 的策略组合 h_i^* 是它对其他 $n-1$ 个驾驶人的策略组合 $h^*=(h_1^*,h_2^*,\cdots,h_{i-1}^*,h_{i+1}^*,\cdots,h_n^*)$ 的最优策略,即:

$$V_i(h_1^*,h_2^*,\cdots,h_i^*,\cdots,h_n^*)\geqslant V_i(h_1,h_2,\cdots,h_i,\cdots,h_n) \qquad (4\text{-}19)$$

或　　　$$V_i(h_1^*,h_2^*,\cdots h_i^*\cdots,h_n^*)=\max_{h_i\in H_i}V_i(h_1,h_2,\cdots,h_i,\cdots,h_n)(h_i\in H_i)$$

则策略组合 $h_i^*=(h_1^*,h_2^*,\cdots,h_n^*)$ 是博弈的一个纳什均衡。

如果驾驶人能够获取完全信息,其效用函数为负的共享停车支付函数,则是一个纯策略的纳什均衡,等价于交通流理论中的 Wardrop 均衡。如果驾驶人不能获取完全信息,对实际停车所付出的代价只有先验信息作为负效用函数,则是一个混合策略的纳什均衡,定义为随机用户均衡停车。

4.4.2　共享停车博弈的 Cournot 均衡

第一层核心博弈中,如果共享平台以系统最优为目标为驾驶人提供停车位信息,它作为一个博弈的参与者,并且作为管理者的身份出现。所有的驾驶人作为另一个参与者参与博弈,当双方同时决策时,属于 Cournot 博弈,其结果是 Cournot 均衡。

假设共享平台的策略集为停车诱导信息方案 $s(s \in S)$,其效用函数取决于共享停车管理信息系统的预期目标。共享平台管理的效用函数是停车诱导方案信息 s 和驾驶人停车场选择结果 h 的函数,设为 $V_2(s,h)$;驾驶人的效用函数为 $V_1(s,h)$,取决于停车场选择的结果,则博弈过程记为 $\Lambda = \{S, H, V_1(s,h), V_2(s,h)\}$。根据博弈论 Cournot 博弈均衡概念,当两者同时决策时,属于 Cournot 博弈。

定义 4.2　共享停车 Cournot 均衡　在驾驶人和共享平台之间的博弈 $\Lambda = \{S, H, V_1(s,h), V_2(s,h)\}$ 中,策略组合 (s^*, h^*) 是 Cournot 均衡,如果共享停车平台的控制策略 s^* 是对驾驶人停车场选择结果 h^* 的最优策略,同时停车位选择结果 h^* 也是对 s^* 的最优策略,即满足:$V_2(s^*, h^*) \geqslant V_2(s, h^*)$,$V_1(s^*, h^*) \geqslant V_1(s^*, h)$,或者 $\max\limits_{s \in S} V_2(s^*, h^*)$ 和 $\max\limits_{h_i \in H_i} V_1(s^*, h^*)$。

所以,策略组合 (s^*, h^*) 是共享停车 Cournot 均衡的充要条件是求解共享平台管理目标为:

$$\max_{s \in S} V_2(s^*, h^*) = \min_{R_1 \leqslant \theta_{peak}} \left\{ \overline{\Delta R} \right\} \tag{4-20}$$

驾驶人目标作为约束条件:

$$\max_{h_i \in H_i} V_1(s^*, h^*) = V_1(k, W, T, U) \tag{4-21}$$

4.4.3　共享停车博弈的系统最优垄断均衡

n 个驾驶人的纳什非合作博弈中,参与博弈的是 n 个驾驶人,共享平台只是作为停车位信息的提供者,并没有真正参与博弈的过程。但在垄断博弈(Monopoly Game)模型中,共享平台作为博弈的主体,共享停车管理过程中的停车位分配策略采用系统最优的原则,其效用函数为最佳的城市停车管理效果,而驾驶人的选择行为则不予考虑,即假设驾驶人完全按照共享平台提供的诱导信息进行停车场选择。此时的博弈则为最优垄断博弈,它是一个系统最优问题,可用共享平台控制下的最佳停车管理者案例来表示:

$$\max_{s \in S} V_2(s^*, h^*) = \min_{R_1 \leqslant \theta_{peak}} \left\{ \overline{\Delta R} \right\} \tag{4-22}$$

4.4.4　共享停车博弈的 Stackelberg 均衡

Stackelberg 问题由德国经济学家 Heinrich Freiherr von Stackelberg 提出,是基于时间序列的博弈,具有主从递阶结构,由一个领导者和跟随者组成。博弈过程中,首先由领导者先做决策,随后追随者做出决策。领导者可以根据跟随者行为预期将来的行为,从而率先做出有利于自身利益的最优决策;而跟随者则依赖于领导者做出的策略,制定自身的最优策略。Stackelberg 博弈有以下几个特点:决策顺序有先后;在下一阶段决策时,前一阶段的决策可被观测到;每一决策的代价是博弈参与者的公开信息。

上述共享停车 Cournot 博弈时双方同时决策,属于一次性博弈,参与者共享平台和驾驶人事先都不了解对方的决策。如果假定共享平台清楚驾驶人的停车场选择行为,在制定停车场分配方案时则可将驾驶人的选择策略考虑其中,然后采取更好的停车场分配策略。同时,驾驶人在接到共享平台发布的停车场分配方案信息后,根据自身的原则进行判断并做出选择,此时的博弈则属于 Stackelberg 博弈(马寿峰等,2005)。

在共享停车的 Stackelberg 博弈中,共享平台作为领导者占据主导地位,根据停车请求优先给出使停车场均衡利用程度最佳的停车位分配方案;而驾驶人作为跟随者处于被动地位,当其得知共享停车系统提供的停车位分配方案(或停车位信息)后,据此做出停车选择,属于不平等的两级博弈。同时,共享平台能够获取驾驶人的选择结果,并将其反馈的信息纳入分配策略中。

共享停车的管理者首先提供停车场分配策略 s,驾驶人根据管理者的分配策略 s 确定停车场选择策略 h,使得 $\max\limits_{h_i \in H_i} V_1(s,h)$ 得到最优解 $h^*(s)$。共享停车管理者同样可对每一 s 求解得到 $h^*(s)$,因此管理者的目标是:

$$\max\limits_{s \in S} V_2(s,h^*(s)) \tag{4-23}$$

定义 4.3 共享停车 Stackelberg 均衡 在驾驶人与共享平台二者博弈 $\Lambda = \{S,H,V_1,V_2\}$ 中,策略组合 (s^*,h^*) 是 Stackelberg 均衡,如果 (s^*,h^*) 满足下式则成立:

$$\begin{cases} \max\limits_{s \in S} V_2(s,h^*(s)) \\ h^*(s) = \max\limits_{h_i \in H_i} V_1(s,h) \end{cases} \tag{4-24}$$

因此,共享停车管理策略组合 (s^*,h^*) 是 Stackelberg 均衡的充要条件是动态求解停车场分配策略和停车场选择策略:

$$\begin{cases} \max\limits_{s \in S} V_2(s^*,h^*) = \min\limits_{R_1 \leqslant \theta_{\text{peak}}} \left\{ \overline{\frac{\Delta R}{}} \right\} \\ \max\limits_{h_i \in H_i} V_1(s^*,h^*) = V_1(k,W,T,U) \end{cases} \tag{4-25}$$

通过以上四种博弈均衡的分析,高峰期 n 个停车目的地相同的驾驶人之间是典型的纳什非合作博弈均衡。而系统最优垄断均衡是共享平台作为决策的主体,并未考虑驾驶人的选择行为,属于典型的最优决策问题。Cournot 均衡虽然是共享平台和驾驶人都参与决策,但是二者的决策是同时发生,没有先后次序,也就是说每一方决策时都未考虑对方可能的策略。只有 Stackelberg 博弈的过程是共享平台和驾驶人双方参加,且决策有先后顺序,每一方决策时都会将对方可能的选择考虑其中。因此,Stackelberg 博弈与共享停车选择的核心博弈过程相吻合,能充分体现二者在博弈中的地位、信息交互和方案选择过程。因此,下一章专门讨论共享停车的 Stackelberg 博弈。

4.5　本章小结

　　本章首先提出了引入博弈论研究共享停车选择行为的合理性,导入了博弈论理性选择原理和偏好定义,为后续共享停车驾驶人行为分析以及居住区共享停车场分配博弈模型的构建和求解算法设计提供理论依据。然后根据共享停车的调查对影响居住区共享停车的要素进行了分析,认为影响驾驶人进行共享停车选择的主要因素是停车后步行距离、收费方式和标准、停车方便性,并对诱导服从率进行了探讨。在此基础上对居住区参与共享的停车场选择博弈过程进行了分析,并对三方博弈关系进行了简化。研究了共享平台和驾驶人之间的动态博弈过程,对共享停车和拥挤停车的博弈选择行为进行了分析,违章停车的博弈过程进行了分析,根据博弈分析结果,探讨了减少违章,实施共享停车的措施和对策。最后对几种博弈的均衡状态进行了分析,为进一步研究基于博弈论思想的停车场分配模型的研究奠定了基础。

5 基于停车选择行为博弈的居住区共享停车服务模型

博弈论的经典案例囚徒困境揭示了集体理性与个体理性之间的矛盾。在完全信息静态博弈的情况下,纳什均衡的结果是"坦白"。但是,在博弈重复进行的情况下,"抵赖"完全可以成为可能。博弈论分析的结果证明,博弈的重复进行,参与者完全可以自愿地走向合作,达成自我强制的帕累托结局(黄涛,2004)。对于高峰期停车场的选择过程,则是在可靠的诱导信息和适当的管理机制下,使驾驶人和共享平台之间以及驾驶人之间的反复博弈,实现从拥挤停车到共享停车的转变,即使纳什均衡达到帕累托改进,也可以看作是发生了个体理性服从集体理性的转变。帕累托改进是指一种变化,在没有使任何人境况变坏的前提下,使得至少一个人变得更好。由拥挤停车到共享停车是由个体理性到集体理性的转变,符合帕累托改进的思想。本章利用前文博弈分析的结果,通过建立二者动态博弈模型来实现停车资源分配的改进。

根据前文停车资源利用系统均衡和用户均衡的定义,所谓用户最优均衡是按照用户停车效用最大化进行停车场分配,而系统最优均衡是按照系统停车资源利用效用最大化进行停车场分配的思想,按照不同的思想对停车需求所做的分配其停车效用是不一样的。停车高峰之前,二者的分配结果是一致的;但进入停车高峰之后,基于停车后步行距离最短和停车费用最省的用户最优均衡停车场分配方案虽然能达到个体驾驶人效用最优,但是必将造成局部停车拥堵和停车秩序的混乱;而基于系统最优均衡的停车场分配方案,主要从停车管理者角度出发,充分考虑城市整体的停车效果和停车资源均衡利用问题,却忽略了驾驶人的利益。因此,两种最优原则在一定程度上存在利益的冲突,即单纯从系统最优原则和用户最优原则出发,考虑问题的常规停车管理系统很难实现城市停车管理效果的最佳状态。基于此,考虑停车高峰期居住区停车位与其他类型建筑物停车场利用在时间方面的互补性,本书以居住区停车位参与共享停车的思想为基础,进行共享停车协调控制服务模型的研究。

5.1 动态博弈的引入

基于共享平台的停车场选择过程中,由于共享平台的系统最优均衡分配原则和驾驶人的用户最优选择原则的利益冲突,使得二者在互动过程中表现为目标和信息的不一致。

(1)目标不一致:在停车选择的过程中,驾驶人的目标是基于自身停车效益的最大化目标,主要看重停车方便性、停车后步行距离、停车费用和安全性等方面,倾向于选择距离目的地较近或停车费用低的停车场,较少考虑其停车行为对其他车辆、行人以及道路通行能力的影响。而共享平台的管理目标是保障良好的停车秩序,其次兼顾停车场(含居住区停车位)和驾驶人的个人收益。

(2)信息不一致:共享平台拥有区域范围各停车场的动态信息,而驾驶人仅仅了解平台发布的信息,其次可能有其他路侧引导信息或者凭经验估计。

共享平台和驾驶人虽然利益上不太一致,但是通过前面的分析发现,在共享平台诱导下的停车场选择过程中,共享平台和驾驶人作为决策的主体,都是在预测其他参与者行动的基础上做出自己的决策。任何一方在做出决策的同时都会考虑其他参与者最可能的选择,假设无论驾驶人的选择结果如何,都反馈到共享平台,作为共享平台下一步停车场分配、停车位预测和 MPUID 指数计算的依据。此时,共享平台和驾驶人之间的决策过程可看作是一个重复进行的动态博弈过程,可通过构建动态博弈模型对其进行描述,实现二者利益上的均衡与共赢。

5.2 共享平台和驾驶人之间的动态博弈过程分析

在一个停车场选择和诱导分配周期内,共享平台必须在预测驾驶人选择行为的基础上确定分配方案。作为停车管理的主导者,共享平台的目的是实现停车场停车位资源的均衡有效利用,避免局部车辆集聚或拥堵;当驾驶人收到共享平台发布的停车位信息后,会进行停车方案选择,而驾驶人选择的依据是其自身感知效用的最大化(吕能超,2010)。如果共享平台分配的停车方案太偏离驾驶人意愿,驾驶人可能会不服从停车信息的诱导,尤其是在停车秩序缺乏严格管理的情况下。因此,为了提高停车诱导服从率,共享平台在进行停车场方案分配时,必须将这一可能性考虑进去。即双方在做出决策时虽然都追求自身利益的最大化,但又都会考虑对方可能的选择,同时,由于二者的互动决策过程有时间顺序的先后,这一动态博弈过程符合 Stackelberg 博弈的特点。可以把共享平台和驾驶人分别看作一个参与者,用两阶段 Stackelberg 动态博弈模型来进行描述。共享平台作为行动的领导者,驾驶人是行动的跟随者,当驾驶人随后采取行动时,假设其选择的最优策略为 h_i^* ,此策略可利用共享平台提供的停车位信息 S_i 求解 5.3.4.2 中的驾驶人问题而得到;同理,由于共享平台也能够预知驾驶人在分配策略 S_i 下的最优策略 h_i^* ,因而可以做出使系统最优的决策,博弈过程如图 5.1 所示(赵雪松,2006)。

通过博弈分析可知,共享平台首先采取行动,在考虑驾驶人可能的选择基础上制定系统最优的分配方案并发布给驾驶人,驾驶人再根据停车诱导方案信息做出利于自身的选择(霍良安,2013)。停车场选择过程与路径选择行为的不同之处在于,停车场选择行为可以采取一定程度的约束措施,例如加强违章停车检查和惩罚力度,进而强制驾驶人接受诱导服从。因此,尤其是高峰期的停车诱导,诱导服从率更高,驾驶人更趋近于博弈论中的理智参与者,更适合用博弈论和博弈模型进行分析描述。

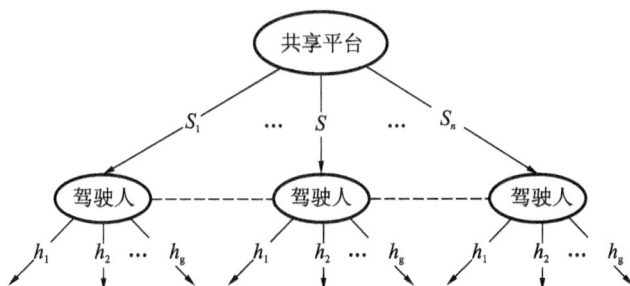

图 5.1　共享平台与驾驶人之间的 Stackelberg 博弈过程

5.3　基于 Stackelberg 博弈的停车场分配模型

Stackelberg 博弈模型是经典的完全信息动态博弈模型,利用博弈论的研究成果分析共享平台和驾驶人之间的博弈行为(段满珍,陈光,2017)。

5.3.1　问题描述

根据前面的调查分析,在驾驶人出行过程中,目的地周边一般会有多个停车场所,或者存在不同的停车形式,其收费标准、距离目的地的步行距离,以及对违章停车处罚的力度可能存在差异,这些因素一定程度上都会影响驾驶人的停车选择。

在共享停车诱导过程中,博弈参与者的决策是有序的,共享平台作为城市交通的管理者,处于领导者地位,在接收到驾驶人的停车申请后,首先根据动态停车位信息,结合历史停车数据进行停车场分配方案协调控制计算,为驾驶人提供备选停车方案,并进行信息发布;驾驶人作为跟随者据此进行停车场选择。由于驾驶人的选择是在接收到共享平台给出的停车位信息之后做出的,是一个受诱导信息影响的过程。通过前面的违章停车博弈分析,停车后步行距离、收费标准和停车方式虽然是影响驾驶人停车选择的重要因素,但如果违章停车处罚风险较大,理性的驾驶人会服从诱导信息,接受共享停车。一旦驾驶人接受了周边共享停车的方案,则意味着减少了违章停车和局部停车拥堵,改善了交通环境。

对于确定的出行目的地,驾驶人的感知效用主要受停车后步行距离、停车可靠性(指停车位空闲概率、可靠性高、减少巡游时间和排队时间)、收费标准等因素的影响。停车高峰期,当出行目的地停车场不能提供空闲停车位时,共享平台会考虑驾驶人可能的选择,给出周边停车场的相关信息,诱导驾驶人到附近停车场共享停车。但如果步行距离超过了驾驶人可接受的范围,驾驶人可能会放弃共享方案,选择违章停车;当然,对于理智的驾驶人,考虑到违章停车风险(如罚款、扣分、车辆划伤、被堵塞等)会接受共享方案(Ran Jiangyu et al,2001)。因此,依据博弈论理性选择原理,本章假设每一个驾驶人都是理性的,考虑到违章停车后可能造成更大的损失,在遭遇高峰的情况下,能够遵守规则,接受共享停车,据此构建共享停车的停车场分配与选择模型。

5.3.2 居住区共享停车博弈模型基本假设

(1)假设模型建立过程不考虑停车场管理者之间的分割和壁垒,将城市区域范围的停车场资源(含参与共享的居住区停车场和私家停车位)纳入统一的共享平台,居住区停车场和私家停车位作为毗邻建筑物的高峰期备用停车场,实施统一管理。

(2)共享平台的居住区停车管理子系统设置了专门的业主车辆管理模块,以便于实行业主车辆优先预约。假设业主车辆遵守提前预约规定,事先约定车辆预计返回时间。

(3)共享平台对参与居住区共享的车辆采用信誉跟踪管理。为减少共享停车违约费用,保持良好的信誉记录,假设共享驾驶人了解相关的停车规定,保证在停车高峰到达之前离开,对信誉不好的车辆可以拒绝共享或采用差异费率制。

(4)假设居住区内共享停车与驾驶人目的地停车场收费差异不大,不影响驾驶人的停车选择。

5.3.3　模型指标定义

根据第 4 章的指标定义 1,停车位 i 在 t 时刻的空闲指数 $R_{it} = D_{it}^{idle}/D_i$。因实际中除了个性化诱导停车外,还有群体式诱导、自由停车和离开车辆对空闲停车位数量的影响。为了避免累积误差,将各停车子系统采集的实时数据作为共享平台停车场 i 在 t 时刻的初始空闲停车位数 D_{it}^{idle},在第 4 章指标定义的基础上,追加以下有关居住区共享的评价指标。

指标定义 3:高峰泊位溢出指数 Δ_{peak} 等于停车高峰时最大允许溢出的停车数 P_i^{over} 与停车位总数 D_i 的比值,即 $\Delta_{peak} = P_i^{over}/D_i$。该指数用于衡量停车场 i 在高峰期的车辆聚集程度,需要重点控制。当允许高峰排队或可利用非规划空间停车时采用。

指标定义 4:居住区停车场实际泊位空闲率 $R_{jt}^{res} = D_{jt}^{res}/D_j$。$D_{jt}^{res}$ 表示居住区 $j(j=1,2,\cdots,M)$ 在 t 时刻的实际空闲停车位数。

指标定义 5:高峰对外共享率 $S_{jt}^{res} = SP_{jt}^{res}/D_j$,$SP_{jt}^{res}$ 表示居住区停车场分担的周边建筑物停车高峰期吸引的车辆数。S_{jt}^{res} 表示居住区停车场 j 在 t 时段的对外共享率,用于衡量高峰期居住区停车场的对外共享利用率。

5.3.4　建模过程

基于上文对停车选择博弈过程的分析,假设停车场选择的参与方都是理性的,在停车选择过程中都追求效用最大化。拟建博弈模型包括两部分:一是停车设施管理者目标,共享停车管理平台追求停车管理效果最佳,实现 MPUID 指数最小化;二是驾驶人目标,追求停车效用最大化,这里停车效用包括停车后步行距离、停车费用和停车时间等。

因为二者博弈顺序有先后,属于动态博弈,对其博弈次序做如下规定:

①共享平台根据计算结果发送给停车请求者 i 一个可行的策略空间$\{1,2,\cdots,G\}$。

②发出停车请求的驾驶人观察到共享平台发布的可行策略集后,从中选取相应的停车策略。

5.3.4.1　基本参数假设

假设区域范围内有 N 个公共停车场($i=1,2,\cdots,N$),M 个居住区停车场($j=1,2,\cdots,M$),对应的停车位总数分别用 D_i、D_j 表示。假设 t 时刻有 $q(q=1,2,\cdots,Q)$名驾驶人,驾驶人 q 的出行目的地为 $z(z=1,2,\cdots,Z)$。当驾驶人提出停车请求时,共享平台经过多因素分析,分别为每位驾驶人提供 G 个可选方案,但驾驶人却最多选择一个。当目的地为 z 的驾驶人 q 选择第 g（$g=1,2,\cdots,G$，$G \leqslant M+N$）个方案将车辆停在停车场 i 时,标记停车场选择概率 X_{igq_z} 为 1;同理,将车辆停在居住区停车场 j 时,标记共享停车选择概率 X_{jgq_z} 为 1;其停车后步行距离分别标记为 L_{igq_z}、L_{jgq_z}。其他模型参数如下:

$Z_{i(t \to t+1)}^{\text{nguid}}$ 为 $t \to t+1$ 表示时段的非诱导停车(群体式诱导停车和自由停车数之和);

T_t^{share} 为毗邻建筑的高峰共享时间集;

K 为共享服务需求方的停车场高峰停车时间集;

T 为居住区停车场的空闲时间集;

λ 为诱导服从率,受诱导信息的服务质量,停车后步行距离、收费标准、停车场收费方式,以及是否处于停车高峰期等因素的影响。一般来讲,城市停车管理严格条件下,停车高峰期诱导服从率会更高(管青,2009)。

$S_{igq(t \to t+1)}^{L_k \leqslant L_{\max}}$ 为在驾驶人可接受的步行距离内,停车管理系统给定的分配方案,即目的地为 z 的停车请求被分配到停车场 i;

$S_{jgq(t \to t+1)}^{L_k \leqslant L_{\max}}$ 为在可接受的步行距离范围内,出行目的地为 z 的驾驶人被分配到居住区停车场 j 的共享方案;

$P_{iz(t \to t+1)}^{\text{request}}$ 为 $t \to t+1$ 时段建筑物 z 吸引的被分配到停车场 i 的停车请求总数;

$P_{i(t \to t+1)}^{\text{arrive}}$ 为 $t \to t+1$ 时段停车场 i 的车辆到达总数;

$P_{z(t \to t+1)}^{\text{request}}$ 为 $t \to t+1$ 时段建筑物 z 吸引的停车请求总数;

D_{it}^{sup} 为 $t \to t+1$ 时段停车场 i 的停车位供应限制;高峰期、平峰期分别加注角标 peak 和 off。

5.3.4.2 驾驶人策略

在共享平台管理下的个性化诱导过程中,驾驶人通过接收共享平台提供的个性化停车诱导信息,驾驶人和共享平台之间的博弈可看作是完全信息博弈。由于共享平台为每一个驾驶人单独提供停车场分配方案,驾驶人彼此之间的停车选择竞争关系可以忽略。根据博弈论假设:每个参与者都是"理性的",不能存在侥幸心理,不存在利用其他参与者决策的失误来扩大自身利益的行为,即不存在利用管理漏洞实现违章停车而逃避处罚的现象。因此,可认为驾驶人能够依据一定的诱导服从率进行诱导停车。

根据共享平台所分配的 G 个停车方案,驾驶人主要考虑选择哪个停车场的感知效用最大。考虑模型量化难度问题,对于驾驶人的感知效用,由于不同驾驶人对于违章处罚风险的承受能力难以量化。因此,假设在同一城市区域范围内,对于违章停车的惩罚机制相同,停车秩序监督检查概率相同,不存在某些区域检查概率高、某些区域检查概率低的问题。因此,建模中可忽略处罚标准的影响。通过图 4.11 的支付矩阵的博弈分析,驾驶人的支付函数由停车费用标准和停车时间、停车后步行距离、违章罚款、车辆损失和排队损失等构成。当驾驶人选择服从诱导信息分配方案,规范停车时没有违章罚款、车辆损失和排队损失,支付函数只包括停车费用和停车后步行距离。根据最大效用原理,当驾驶人获知附近停车场有空闲停车位时,不会考虑停车资源均衡利用和城市停车秩序而主动选择"舍近求远"的方案;而且,当驾驶人知道附近有收费低的停车场时不会选择高者。因此,驾驶人总是倾向于选择步行距离最短或者收费标准较低的停车场,建模时将二者作为驾驶人对停车方案的感知效用函数(段满珍,陈光等,2017)。利用第 4 章步行距离转换指数 a 作为收费标准的转化系数,可将驾驶人对分配方案的感知效用表达为 $V_1 = L + t \cdot k \cdot a^{-1}$,即感知效用为步行距离和停车费用的折算距离。据此建立数学模型如下(上层规划问题)(段满珍,杨兆升,2017):

gl.

$$f\left[(S_{igq_z}, S_{jgq_z}), (X_{igq_z}, X_{jgq_z})\right] =$$

$$\min_{L_{iz} \text{ or } L_{jz} \leqslant L_{\max}} \frac{\sum_i \sum_z \lambda X_{igq_z}(L_{igq_z} + t \cdot k \cdot a^{-1}) + \sum_j \sum_z \lambda X_{jgq_z}(L_{jgq_z} + t \cdot k \cdot a^{-1})}{\sum_i \sum_z \lambda X_{igq_z} + \sum_j \sum_z \lambda X_{jgq_z}} \quad (5\text{-}1)$$

s. t.

$$\sum_z \lambda X_{igq_z(t \to t+1)} \leqslant D_{it}^{\sup} \quad (5\text{-}2)$$

$$\sum_z \lambda X_{jgq_z(t \to t+1)} \leqslant D_{jt}^{\text{res}} \quad (5\text{-}3)$$

$$X_{igq_z}(1 - X_{igq_z}) = 0, \ X_{jgq_z}(1 - X_{jgq_z}) = 0; \ X_{igq_z} + X_{jgq_z} \leqslant 1 \quad (5\text{-}4)$$

$$L_{igq_z}, L_{jgq_z} \leqslant L_{\max} \quad (5\text{-}5)$$

式中,$L_{\max}$ 为最大可接受的停车后步行距离;k 为停车场收费标准;X_{igq_z}、X_{jgq_z} 是决策变量,分别表示由建筑物 z 吸引的车辆驾驶人 q 接受诱导分配方案 g,到停车场 i 或者居住区停车场 j 共享的可能性,是驾驶人对共享平台给定分配方案的最优反应。

式(5-1)是上层规划的目标函数,表示实现驾驶人出行效益的最大化,即停车后步行距离和停车费用的累积感知效用等。

式(5-2)表示被分配到停车场 i 的由各建筑物 z 吸引的车辆总数应在停车场 i 的停车位供应限制内。

式(5-3)表示被分配到附近居住区停车场 j 的由各建筑物 z 吸引的车辆总

数应在居住区 j 停车位供应限制范围内(但有些驾驶人可能放弃所有方案)。

式(5-4)表示决策变量 X_{igq_z} 或 X_{jgq_z} =1 或 0。X_{igq_z} 或 X_{jgq_z} =1 表示驾驶人选择在停车场 i 或居住区停车场 j 停车;X_{igq_z} 或 X_{jgq_z} =0 表示驾驶人放弃停车场 i 或 j。

式(5-5)表示共享停车的步行距离小于其最大可接受步行距离。

5.3.4.3 共享平台策略

根据上文的定义和假设,作为停车资源管理者,共享平台主要考虑如何决策停车分配方案 S_{igq} 和 S_{jgq},才能使各停车场的停车位资源均衡有效利用,即停车高峰期诱导符合条件的驾驶人实施共享停车,减少高峰停车拥堵,实现高峰泊位空闲指数差异均值最小,根据指标定义 2,用 $\overline{\underset{R_1 \leqslant \theta_{peak}}{\Delta R}}$ 量化 MPUID 指数。

则共享平台的停车场分配模型(下层规划问题)如下:

gl.

$$F\left[(S_{igq_z}, S_{jgq_z}), (X_{igq_z}, X_{jgq_z})\right] = \min\{\overline{\underset{R_1 \leqslant \theta_{peak}}{\Delta R}}\} \tag{5-6}$$

s.t.

$$D_{i(t \to t+1)\text{off}}^{\text{sup}} \leqslant D_{it}^{\text{idle}} - Z_{i(t \to t+1)}^{\text{nguid}} \tag{5-7}$$

$$D_{i(t \to t+1)\text{peak}}^{\text{sup}} \leqslant D_{it}^{\text{idle}} - Z_{i(t \to t+1)}^{\text{nguid}} + \Delta_{\text{peak}} \cdot D_i \text{ 或 } D_{i(t \to t+1)\text{peak}}^{\text{sup}} \leqslant D_{it}^{\text{idle}} - Z_{i(t \to t+1)}^{\text{nguid}} + P_i^{\text{over}}$$
$$\tag{5-8}$$

$$S_{jt}^{\text{res}} < R_{jt}^{\text{res}}, R_{jt}^{\text{res}} \in \max S \tag{5-9}$$

$$T_t^{\text{share}} \in (K \cap T) \tag{5-10}$$

$$\sum_i \lambda S_{igq_z,(t \to t+1)}^{L_{iz} \leqslant L_{\max}} + \sum_j \lambda S_{jgq_z,(t \to t+1)}^{L_{jz} \leqslant L_{\max}} = \sum_z P_{z(t \to t+1)}^{\text{request}} \tag{5-11}$$

$$\sum_z P_{iz(t \to t+1)}^{\text{request}} + Z_{i(t \to t+1)}^{\text{nguid}} = P_{i(t \to t+1)}^{\text{arrive}} \tag{5-12}$$

$X_{igq_z}, X_{jgq_z}, D_i^{\text{idle}}, P_i^{\text{requst}}, P_i^{\text{arrive}}, Z_i^{\text{nguid}}, P_i^{\text{over}}$ 属于整数空间。

S_{igq_z}、S_{jgq_z} 是模型的决策变量,分别表示共享平台提供的分配方案。

式(5-6)是共享平台的目标函数,其目的是使停车高峰期实现区域范围停车位空闲指数差异均值最小化,减少局部停车拥堵。

式(5-7)、式(5-8)分别表示公共停车场平峰、高峰的停车位供应限制。

式(5-9)表示居住区停车位对外共享率不超过泊位空闲率,且居住区泊位空闲率符合该时段内空闲停车位的最大服务能力(段满珍等,2015)。

式(5-10)表示共享时间属于居住区空闲时间与毗邻建筑物停车需求高峰时段的公共时段。

式(5-11)表示被分配到各停车场 i 和居住区 j 停车场的车辆数等于停车请求总量。

式(5-12)表示由建筑物吸引的各种停车总数与停车场 i 的车辆到达总数相等。

对于 t 时刻内 q 个停车请求,任何一个分配方案都会给停车场的利用带来一定的影响,如果一个共享分配方案(S_{igq},S_{jgq})能使各停车场的停车位空闲指数差异均值最小,即达到了均衡协调利用停车位资源的目的。

5.4　模型算法及求解

5.4.1　模型算法设计思想

由于 Stackelberg 博弈问题通常可转化成数学规划求解(朱炫东,2011)。因此,设计上述 Stackelberg 博弈问题博弈模型的双层规划求解算法。

尽管目前还没有一种算法能够求得双层规划模型的精确最优解,但是许多文献都为求解双层规划提供了较好的经验。赵志刚等(2007)提出一种基于粒子群算法的求解双层规划模型的分层迭代方法。该算法的思想是先利用粒子群算法求解上层规划,然后用其他优化方法求解下层规划,在上下层之间反复迭代求得模型的近似最优解。Li X Y 等(2006)提出另外一种类似的层次粒子群优化算法,利用粒子群算法构建层次算法框架,模拟双层规划的决策过程实现对双层规划的求解。而 Kuo R 等(2009)研究发现,粒子群算法在求解线性双层规划方面比遗传算法更具有优越性。通过对现有资料的研究和求解算法的比较,本书借鉴粒子群算法(Particle Swarm Optimization,PSO)的相关思想(赵志刚等,2013),设计基于粒子群算法的嵌套优化算法(李相勇等,2008),如图5.2所示,算法主体是一个变型粒子群算法,内嵌表上作业法来求解给定的上层决策变量条件下的下层规划问题,从而获得下层决策者的最佳反应;然后将下层问题的最优解又反馈到上层模型作为算法执行的基础。迭代算法在上层和下层之间反复迭代,最后逐渐逼近问题的最优解。该算法将求解双层规划问题转化为在给定的上层或下层决策变量的条件下分别求解下层和上层规划问题,上层变形算法和下层优化算法各自的求解结果互为另外一个算法的输入。

本书所建模型中,模型上层规划是驾驶人策略,即驾驶人在接收到共享平台的诱导信息后,根据自身的感知效用进行停车策略的选择,主要考虑了驾驶人最为敏感的停车后步行距离因素。模型下层规划是共享平台策略,即停车资源管理者对于停车需求者的管理。因为模型中考虑了建筑物配建停车场、附近建筑物共享停车场和毗邻居住区停车场等停车资源的共享,又要考虑上层规划中驾驶人可接受的停车步行距离限制。因此,属于资源有效利用问题,其目的是减少高峰期局部停车聚集,实现停车资源均衡有效利用,保证良好的城市停车环境。通过对区域内公共停车场和居住区共享停车场等停车资源的合理分配,有效引导需求车辆实施共享停车。因此,下层规划可以转化为产销不平衡的运输问题,采用表上作业法求解。根据粒子群算法思想,首先初始化一群随机粒子,通过迭代找到其最优解。在第 k 次迭代中,第 i 个粒子具有位置向量和速度向量两个属性(kennedy J et al,1995):

① N 维空间中的位置向量 $X_i^k = (x_1^k, \cdots, x_n^k, \cdots, x_N^k)$,其中 $X_n^k \in [l_n, u_n]$,l_n 和 u_n 是位置向量第 n 维坐标的下限和上限(Li x y et al,2005);

②速度向量 $V_k^i = (v_1^k, \cdots, v_n^k, \cdots, v_N^k)$,其值被限定在最大速度向量 $V_{max}^k = (v_{max,1}^k, \cdots, v_{max,n}^k, \cdots, v_{max,N}^k)$ 以及最小速度向量 $V_{min}^k = (v_{min,1}^k, \cdots, v_{min,n}^k, \cdots, v_{min,N}^k)$ 之间。

算法在迭代过程中,所有粒子的位置向量和速度向量属性均按照公式(5-13)~公式(5-15)进行更新(Shi Y H et al,1998):

$$V_i^{k+1} = \omega V_i^k + c_1 r_1 (P_i^k - X_i^k) + c_2 r_2 (P_g^k - X_i^k) \tag{5-13}$$

$$X_i^{k+1} = X_i^k + V_i^{k+1} \tag{5-14}$$

$$\omega^k = \omega_{end} + (\omega_{ini} - \omega_{end}) \frac{K - k}{K} \tag{5-15}$$

式中,P_i 为单个粒子 i 的当前最佳位置(即个体最优解);P_g 是整个粒子群的当前最优位置(即整体最优解);c_1、c_2 是学习因子,通常取 $c_1 = c_2 = 2$;r_1、r_2 是随机数,通常取值在[0,1]之间;ω 是加权系数,一般取值在[0.1,0.9]之间;K 表示总迭代次数,k 表示迭代次数。

5.4.2 模型算法求解步骤

步骤 1:信息初始化(段满珍,曹会云等,2016)。共享平台根据气象和日历信息调用相应的停车场利用对比数据(比如每周一至周日之间停车场泊位利用曲线都表现为不同的形式)和信息,获取 D_i、D_{it}^{idle},赋值 θ_{peak}、Δ_{peak} 或 P_i^{over},计算初始 R_i 和 $\overline{\underset{R_1 \leqslant \theta_{peak}}{\Delta R}}$。

步骤 2：判断是否需要进行协调控制。当 $R_1 > \theta_{\text{peak}}$ 时，一般不需要调整，只需提供各停车场的预测信息即可，转至步骤 7；当 $R_1 \leqslant \theta_{\text{peak}}$ 时，根据均衡利用思想，给出各停车场的初始停车位供应限制条件 $[0, D_{i(t \to t+1)}^{\text{sup}'}]$。

步骤 3：利用嵌套优化算法计算下层规划问题的优化解 $\underset{R_1 \leqslant \theta_{\text{peak}}}{\overline{\Delta R}}$（段满珍等，2017）

由于下层规划问题中每个停车场均有停车位供应数量的限制，且在个性化诱导控制模式下，共享平台协调计算需要给出停车位供应的约束。因此，下层问题可转化为产销不平衡的运输问题求解（唐宁，2011），即将区域内各建筑物的停车需求作为"销售量"，将停车场的停车位供应作为"产量"，当停车位供应大于需求，或供应不足时通过增加行或列的形式进行平衡。将驾驶人停车后步行距离作为"运输费"。Q 名驾驶人的最佳选择方案可采用表 5.1 上的作业法求解，其中 L_{iz}、L_{jz}^{res} 为停车场 i 和 j 出口到建筑物 z 入口的步行距离。

表 5.1 停车位供应不平衡问题

停车场 建筑物 z	$1 \cdots i \cdots N$	$1 \cdots j \cdots M$	吸引的停车请求
1	$L_{11} \cdots L_{i1} \cdots L_{N1}$	$L_{11}^{\text{res}} \cdots L_{j1}^{\text{res}} \cdots L_{M1}^{\text{res}}$	$P_{1(t \to t+1)}^{\text{request}}$
2	$L_{12} \cdots L_{i2} \cdots L_{N2}$	$L_{12}^{\text{res}} \cdots L_{j2}^{\text{res}} \cdots L_{M2}^{\text{res}}$	$P_{2(t \to t+1)}^{\text{request}}$
$\cdots$	$\cdots$	$\cdots$	$\cdots$
z	$L_{1z} \cdots L_{iz} \cdots L_{Nz}$	$L_{1Z}^{\text{res}} \cdots L_{jZ}^{\text{res}} \cdots L_{MZ}^{\text{res}}$	$P_{z(t \to t+1)}^{\text{request}}$
停车位上限	$D_1^{\text{sup}} \cdots D_i^{\text{sup}} \cdots D_N^{\text{sup}}$	$D_i^{\text{res}} \cdots D_j^{\text{res}} \cdots D_M^{\text{res}}$	

步骤 4：根据嵌套算法最优结果计算上层规划解。将步骤 3 中 $\underset{R_1 \leqslant \theta_{\text{peak}}}{\overline{\Delta R}}$ 对应的选择方案 $(S_{igq_z}(X_{igq_z}), S_{jgq_z}(X_{jgq_z}))$ 代入上层规划，计算各分配方案到目的地的驾驶人可能的感知效用。若该值优于初始分配方案，则更新为当前方案。同理，$\underset{R_1 \leqslant \theta_{\text{peak}}}{\overline{\Delta R}}$ 也更新。

步骤 5：当感知效用值达到预期目标或者达到迭代次数时，转至步骤 7；否则转至步骤 6。

步骤 6：根据感知效用值重新调整上层决策方案，给出新的停车位限制 $[0, D_i^{\text{sup}'}]$ 和 $[0, D_j^{\text{res}'}]$，转至步骤 3。

步骤 7：给出符合条件的最佳方案，即找到了博弈的均衡解，算法结束。

算法流程如图 5.2 所示（段满珍，杨兆升，2016）。

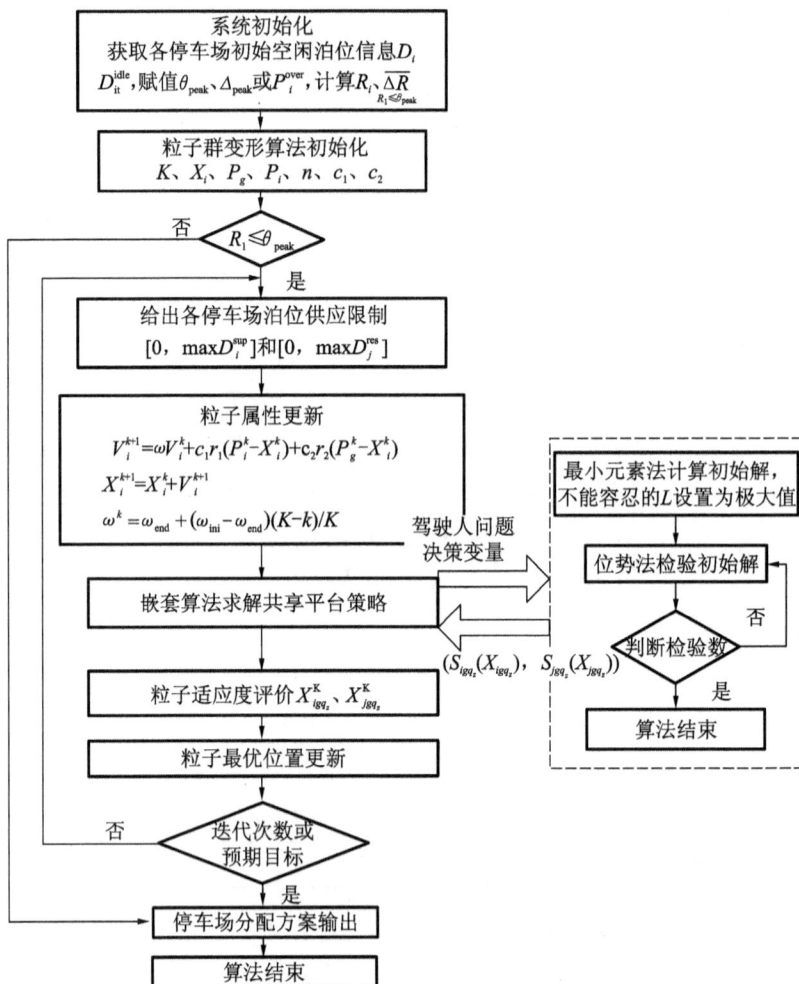

系统初始化
获取各停车场初始空闲泊位信息D_i、D_{it}^{idle}，赋值θ_{peak}、Δ_{peak}或P_i^{over}，计算R_1、$\overline{\Delta R}$

粒子群变形算法初始化
K、X_i、P_g、P_i、n、c_1、c_2

$R_1 \leqslant \theta_{peak}$ 否 / 是

给出各停车场泊位供应限制
$[0, maxD_i^{sup}]$和$[0, maxD_j^{res}]$

粒子属性更新
$$V_i^{k+1} = \omega V_i^k + c_1 r_1 (P_i^k - X_i^k) + c_2 r_2 (P_g^k - X_i^k)$$
$$X_i^{k+1} = X_i^k + V_i^{k+1}$$
$$\omega^k = \omega_{end} + (\omega_{ini} - \omega_{end})(K-k)/K$$

嵌套算法求解共享平台策略

粒子适应度评价 $X_{igq_s}^K$、$X_{jgq_s}^K$

粒子最优位置更新

迭代次数或预期目标 否 / 是

停车场分配方案输出

算法结束

驾驶人问题决策变量

最小元素法计算初始解，不能容忍的L设置为极大值

位势法检验初始解

判断检验数 否 / 是

算法结束

$(S_{igq_s}(X_{igq_s}), S_{jgq_s}(X_{jgq_s}))$

图 5.2　嵌套算法流程

5.5　案例仿真分析

5.5.1　仿真区域选取

(1)选取条件。

根据前文对居住区共享停车问题的研究,实施居住区共享停车有一些基本的条件:

①局部区域建筑物车辆吸引强度较大,现有停车设施不能满足停车需求,

现状表现为违章停车严重,或者车辆排队明显等。

②周围毗邻居住区,且居住区停车场进出口距离该建筑物不太远,满足共享停车后驾驶人对步行距离的期望。

③居住区小区停车场出入口设置邻近街道或者小区出入口,外来车辆进出方便,避免给小区内部居民活动带来影响。

(2)仿真区域选取(段满珍,杨兆升,2017)。

该市主城区包括路南区和路北区,其中区域分化和人口分布呈明显的北多南少格局,典型的方格网式路网格局。东西干道以新华道为中轴,南新道、北新道和长宁道分布两侧;南北干道以建设路为中轴,向西为卫国路、友谊路、站前路,向东为龙泽路和滨河路。根据该市综合交通大调查的结果,综合交通吸引强度最大的是城市中部百货大楼商业区和北部的远洋城购物商业区。百货大楼商业区由于地处市中心,东西干道新华道与南北干道建设路交叉口东北侧,交通治理和违章查处管理相对严格,虽然常有车辆排队进出,但是违章停车现象较少。而远洋城商业区地处北部,紧邻百货大楼人民购物商场,与61路车北部公交车起终点站交融在一起(图5.3)。除了逛街群体外,再加上周边高校学生频繁进出,使得远洋城南北两侧、公交站点周边以及人民购物一带常有售卖零食小吃的流动摊贩。同时,因为停车场所规划凌乱,造成众多出入口聚集在一起,加上违章查处力度不大,沿龙富南道两侧和丰源道西侧常有车辆停放,还有个别出租车和三轮车的拉客现象,造成道路通行能力严重受阻,形成常发性交通拥堵。

根据调查发现,交通拥堵的重要原因之一是路内停车造成通行能力降低,其次是出入口规划和管理问题。针对这一情况,我们考察了周边环境,调查了毗邻的居住小区和东部的会展中心、河北钢铁集团大厦等建筑物的停车场分布和停车吸引情况。东部的国际会展中心一般只在会展期间才会有大量车辆聚集,平时常有大量闲置泊位;钢铁大厦以办公为主,兼具部分酒店功能,主要是工作日车辆较为集中;商业区西部毗邻一些居住小区,工作时间车位大量闲置,但是有些小区的停车场出入口距离商业区较远;另外,调查时仍有一些大型综合性建筑正在建设中,如果现有的停车问题得不到有效解决,未来必将形成更严重的交通隐患。

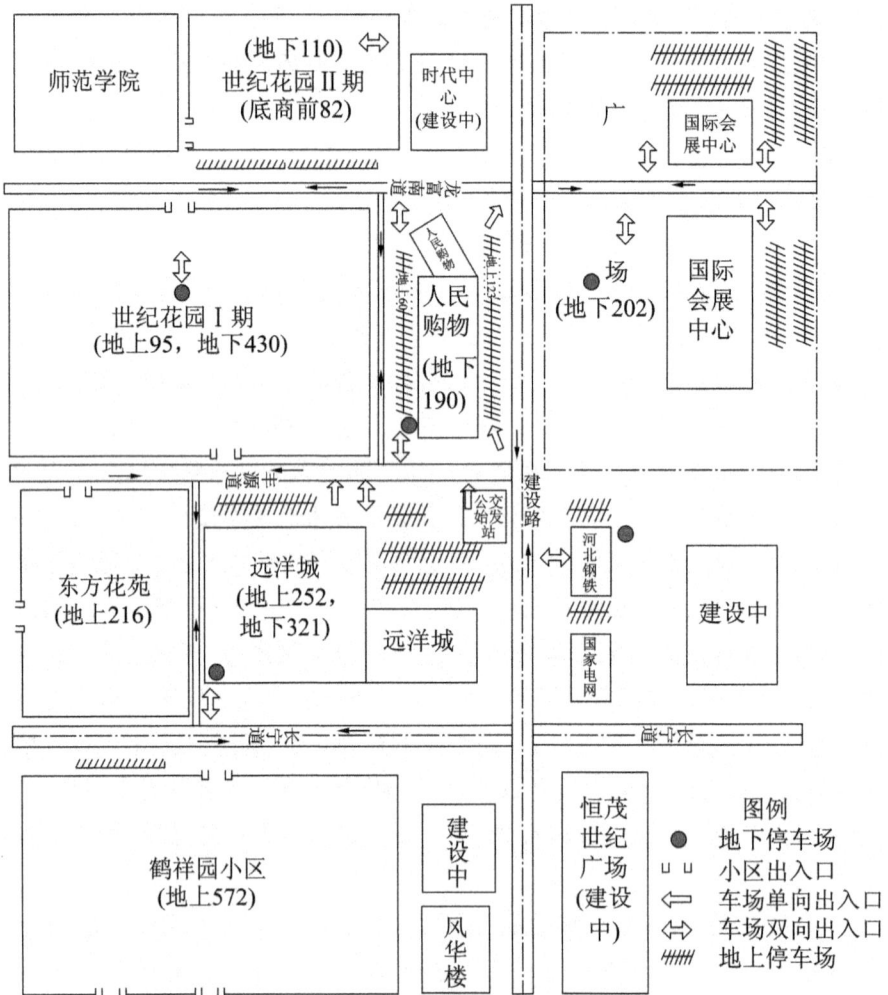

图 5.3　仿真区域抽象图

(3)仿真区域各建筑物停车吸引特性分析。

图 5.4～图 5.6 是商业中心区主要建筑的车辆出行特性曲线,图中大致也显现出上、下午两个出行高峰。

图 5.7 是商业、综合办公区的停车位利用曲线。从曲线线形来看,商业区的停车高峰持续时间更长一些,尤其是下午,但是中午时段也会略有降低。

图 5.8 是仿真区域居住小区的泊位空闲曲线。仿真区域处于该市北部地区,图中几个小区的建设时间相对较晚,居住区停车位配建比例相对较高,居民年龄结构偏低。从图中可以看出,小区车辆日出行比例较高,造成小区内大量空闲泊位,鹤祥园小区和世纪花园小区白天基本都能对外提供 200 多个空闲泊位。

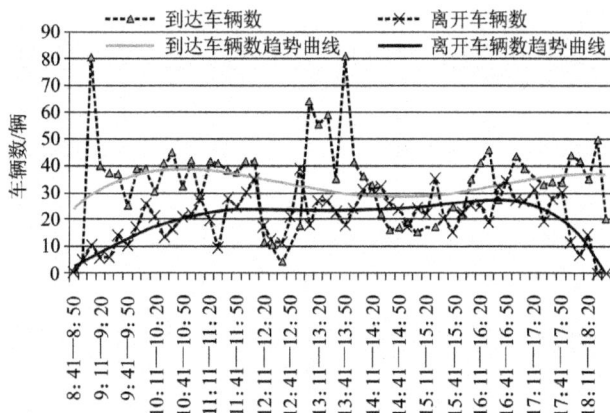

图5.4　远洋城车辆出行特性曲线

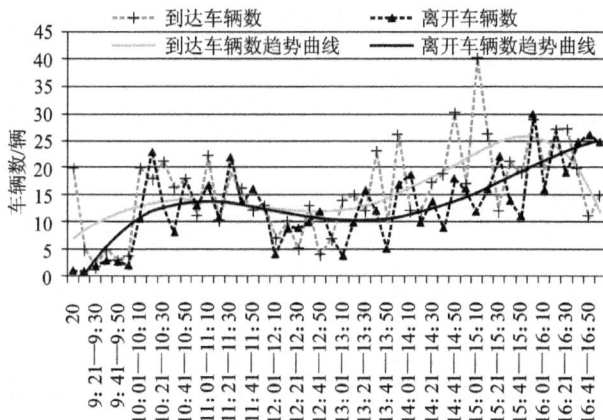

图5.5　国际会展中心车辆出行特性曲线

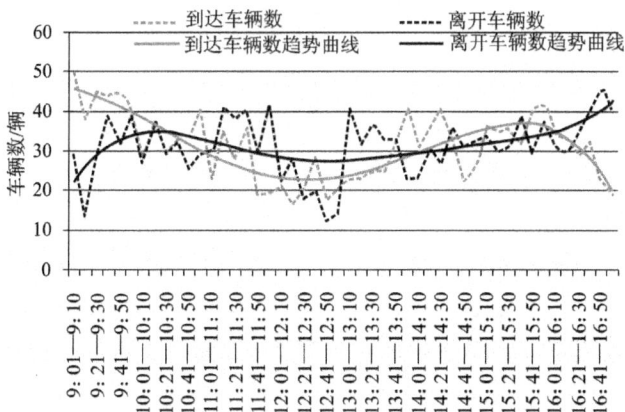

图5.6　人民购物车辆出行特性曲线

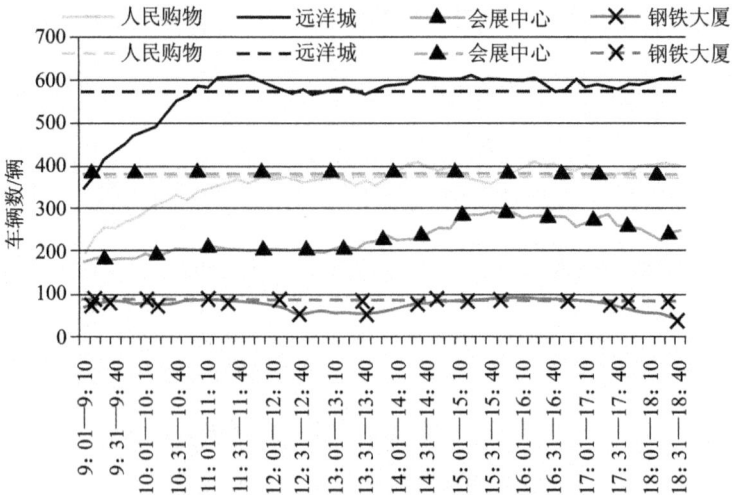

图 5.7　商业、办公区停车位利用曲线

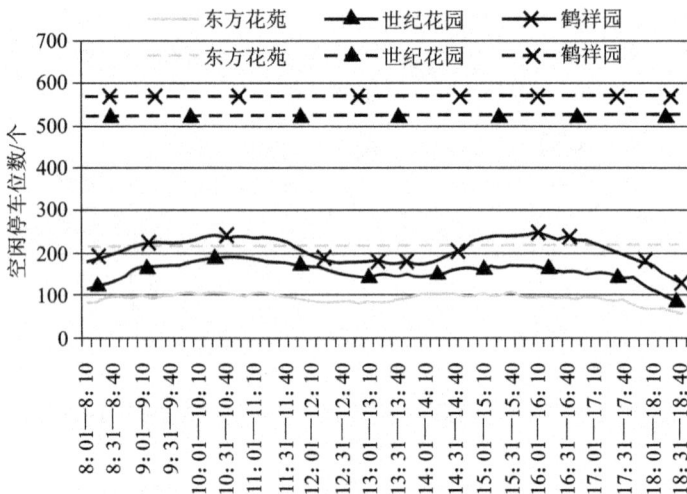

图 5.8　居住区停车场泊位空闲曲线

图 5.9 是仿真区域主要停车场的泊位空闲率统计。图中纵坐标正值表示停车场泊位有闲置,负数表示停车有溢出,即利用非规划空间停车情况。从图中可以看出,人民购物和远洋城商业区停车场的高峰持续时间最长,停车溢出明显;河北钢铁大厦只在局部时段有停车溢出;国际会展中心因为处于非会展期,所以停车场泊位空闲率较高;而东方花苑、世纪花园和鹤祥园小区的停车位日间闲置比例明显较高。

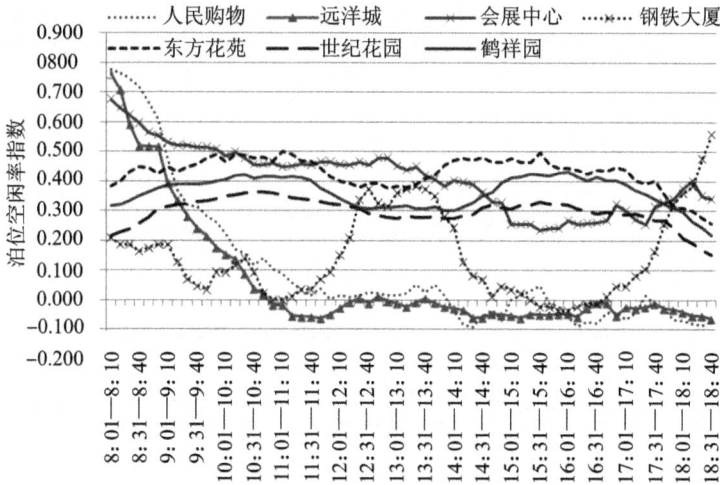

图 5.9　各停车场泊位空闲率曲线

根据表 3.3 的信息可知,因为商业和综合办公等场所的车辆平均停放时间和医疗相类似,都在 2～3h,且长时间停车比重较低,说明大部分车辆的停车特性符合居住区共享停车的条件。

通过以上分析,图 5.3 所示的区域因为商业、办公场所集中,停车吸引力较大,因配建停车位不能满足现有停车需求,加上动态交通规划不尽合理,停车管理松懈等问题,导致该区域违章停车现象严重,整体交通环境较差。而周边居住区停车场配建标准相对较高,小区内部日间的车辆出行率较高,所以小区内停车位白天的泊位空闲率较高,拥有丰富的对外共享停车资源。从商业、办公场所的停车特征曲线和停车指标上看,大部分停车为短时停车,虽然商业区傍晚仍处于停车高峰,但是居住区停车场至少能在日间工作时段利用大量的闲置资源缓解部分停车拥挤问题。

5.5.2　仿真基础数据

(1)步行距离和停车位数量。

各建筑物及停车场形式和分布情况如图 5.3 所示,步行距离以各建筑物(或停车场)出入口实测距离为准,详见表 5.2。停车位数以现场调研的实际规划车位数为准,如表 5.3 所示。

表5.2   **停车后步行距离**   单位:m

建筑物	综合性建筑配建停车场				居住区停车场		
	人民购物	远洋城	会展中心	钢铁大厦	世纪花园Ⅰ期	东方花苑	鹤祥园
人民购物	20	81	219	160	256	310	476
远洋城	81	20	630	186	200	280	50
会展中心	219	630	20	370	431	532	471
钢铁大厦	160	186	370	10	429	505	469

表5.3   **各停车场的停车位数量**   单位:m

停车场名称	综合性建筑配建停车场				居住区停车场		
	人民购物	远洋城	会展中心	钢铁大厦	世纪花园Ⅰ期	东方花苑	鹤祥园
停车位数/个	373	573	380	86	525	216	572

(2)停车请求数据。

由于目前尚无实际的个性化诱导形式,无法获取真实的停车请求,因此,本案例中以调查时实际采集的停车数据作为停车请求数据,统计时间间隔为10min,数据形式如表5.4所示。由于停车调查中采集的数据是实际进入停车场的车辆数据,并不包含因寻找不到车位而离开或到附近共享停车的数据。因此,高峰时停车请求的数据会小于实际需求。

表5.4   **主要建筑物停车请求**

停车场名称	人民购物	远洋城	会展中心	钢铁大厦
9:01—9:10	50	46	12	20
9:11—9:20	38	40	13	3
9:21—9:30	45	37	12	2
……	……	……	……	……
18:21—18:30	26	50	3	0
18:31—18:40	19	20	1	2

(3)停车场车辆数和居住区闲置停车位数。

表5.5为停车场车辆数据和居住区停车场的闲置停车位情况。表中负数表示溢出的停车请求数,即调查中的部分路边违章停车或者利用非规划空间停车者,表示需要到附近共享的车辆。

表 5.5	主要建筑物停车场车辆数和居住区停车场闲置停车位数						
	综合性建筑配建停车场				居住小区停车场		
停车场名称	人民购物	远洋城	会展中心	钢铁大厦	东方花苑	世纪花园I期	鹤祥园
9:01—9:10	196	348	178	70	97	165	220
9:11—9:20	235	382	182	75	93	168	223
9:21—9:30	255	413	182	80	97	170	223
...	...	...	...	...	...	...	...
18:21—18:30	−33	−31	134	41	60	89	140
18:31—18:40	−28	−37	130	48	56	80	125

5.5.3 仿真参数设置

(1)共享停车步行距离。

因为在共享停车调研中只有 5% 的受访者不能接受 350m 以上的共享停车步行距离。同时结合该市城市规模和街道特点(方格网式,两交叉口间距 400m 左右),考虑停车难度对共享停车的影响,案例中将最大可接受的步行距离设置为 400m。

(2)共享停车时间。

根据该城市商业办公、医疗和居住区等场所的调研数据(李菲,2012),居住区停车位基本在 8:00 之后逐渐进入闲置高峰,16:00 之后部分业主车辆陆续返回,17:00 之后进入返回高峰。而医院和部分商业、办公场所的停车高峰期大多为 9:00—16:00,为避免业主车辆与共享车辆冲突,保守起见,确定 9:00—16:00 为仿真区域的居住区停车场对外共享时间。

(3)停车收费标准。

根据现场调查,远洋城、人民购物、会展中心和钢铁大厦停车场的收费标准均为 2 元/h(半小时内免费)。世纪花园小区物业也在尝试推行共享停车,对外收费标准也为 2 元/h。因此,案例中关于收费标准的参数定为 2 元/h。

(4)其他模型参数。

令各停车场的高峰判别值 θ_{peak} 均取 0.1;假设地上和地下停车场均不允许溢出,则高峰泊位溢出指数 $\Delta_{peak}=0$;停车请求数据的采集时间间隔为 10min(数据形式如表 5.4),以矩阵形式循环读入;车辆的停放时间服从 Gamma 分布(于晓桦等,2012),初始停车位空闲指数以调查日的数据为基础(表 5.5);模型算法仿真时间为 640min 。

（5）变形粒子群算法参数。

案例仿真实验采用上述粒子群嵌套优化算法，参数设置如下：变异概率 $\lambda=$ 0.4，$c_1=c_2=2$，群体规模 $n=30$、$\omega_{ini}=0.9$、$\omega_{end}=0.4$，最大迭代次数 100 次，收敛精度 $\delta=1\times10^{-10}$。

5.5.4　数值仿真实验结果分析

在 Matlab 2013 环境下对上述模型和算法进行数值仿真，对比分析在停车需求总量相等条件下，有居住区参与的共享停车与自由停车和常规诱导方式在城市停车管理中对停车资源利用上的差异。

图 5.10～图 5.16 是仿真输出的结果，分别从车辆调控情况，驾驶人停车后步行距离以及调控分配后停车场利用情况等角度对模型及应用情况做出分析。

图 5.10 是模型分配方案调整的车辆情况。从图中看出，调整量最多的是远洋城的过饱和停车，均被调整到鹤祥园小区；其次是人民购物的过饱和停车被调整到了会展中心停车场；还有钢铁大厦上、下午各车辆也被调整到了会展中心；人民购物中午时段和傍晚时段的部分车辆被调整到了钢铁大厦，说明钢铁大厦在这些时段出现了空闲泊位，也参与到共享停车中。

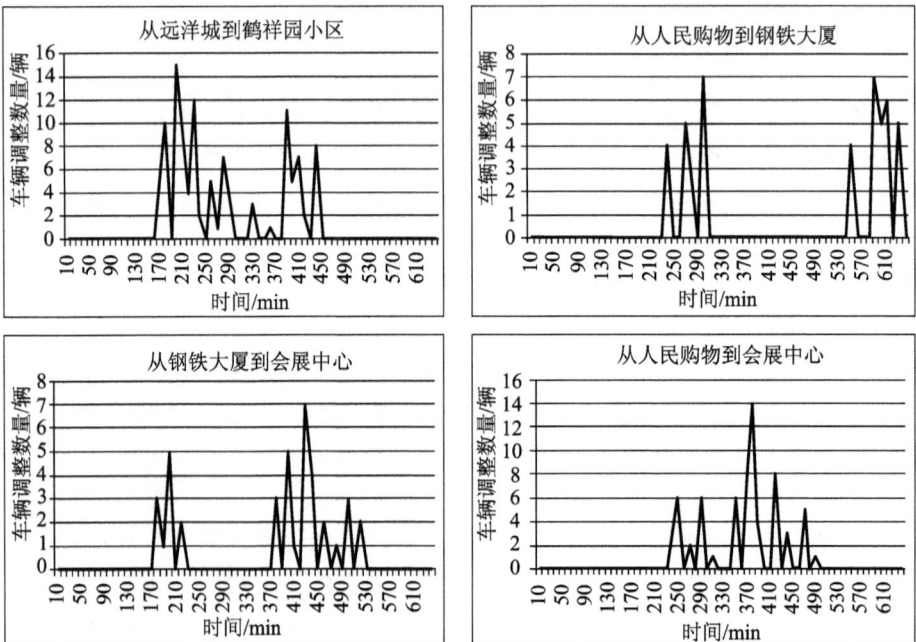

图 5.10　共享方案的车辆调整情况

结合调整方案的输出结果分析,由于去往远洋城和人民购物的车辆较多,模型算法按照空闲停车位数量的限制,在满足步行距离约束的条件下,考虑在总的步行距离基础上进行共享方案分配,给出各个时段车辆的调整情况。

结合图 5.3 的位置关系和表 5.2 停车后步行距离数据,远洋城过饱和车辆被分配到鹤祥园小区主要是由于步行距离的优势。由于鹤祥园小区和远洋城在长宁道设有人行横道,二者之间紧邻的出入口设置和优越的毗邻关系使得鹤祥园小区成为远洋城共享停车的首选。虽然居住区停车场的对外服务时间有限,却在整个服务时间成功地分担了远洋城的过饱和车辆。其次分担过饱和车辆较多的是会展中心,因为调查日正好处于非会展期,该停车场有大量的闲置停车位,主要是分担了人民购物和钢铁大厦的过饱和车辆。因为鹤祥园小区和会展中心拥有足够的共享停车位参与共享,而距离较远的东方花苑和世纪花园小区在仿真中未能参与共享。随着居住区共享停车时间的结束,钢铁大厦又开始分担一部分人民购物的过饱和车辆。

图 5.11 是仿真实验中总的车辆调控数。对照图 5.9 停车场泊位空闲率曲线的时间轴可以看出,车辆调控高峰期是 11:00—15:00。午间时段可能因部分车辆离开而出现空闲停车位,使得调控曲线在午间时段略有降低。

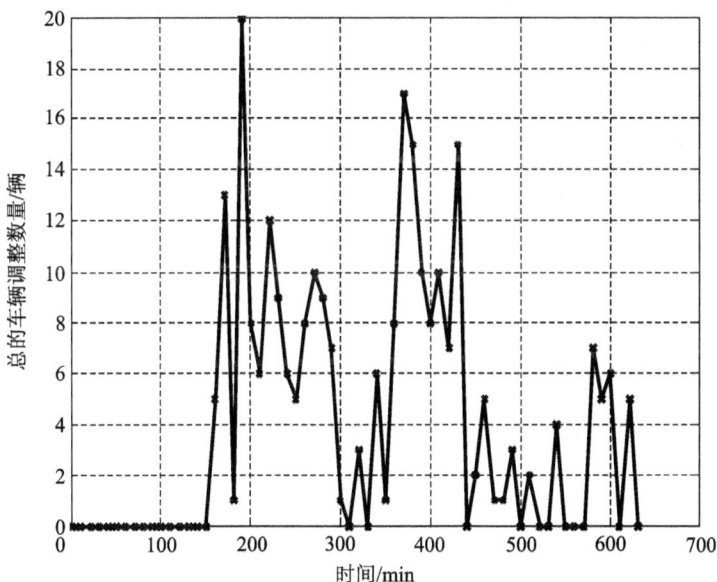

图 5.11 总的车辆调整情况

本方案的驾驶人目标函数是停车后停车距离和收费标准的综合感知效用,但是由于案例中各停车场的收费标准相同,且感知效用量化后的数值没有实际意义。因此,案例的目标函数结果仍采用步行距离数值输出。

图 5.12 是仿真输出的共享方案停车后总的步行距离,等于共享车辆数与共享停车后步行距离的乘积之和。结合图 5.10,虽然远洋城到鹤祥园小区的共享车辆最多,但是由于二者有较近的毗邻关系,因此图 5.12 共享停车方案的步行距离增加得并不多,是最受欢迎的共享方案。

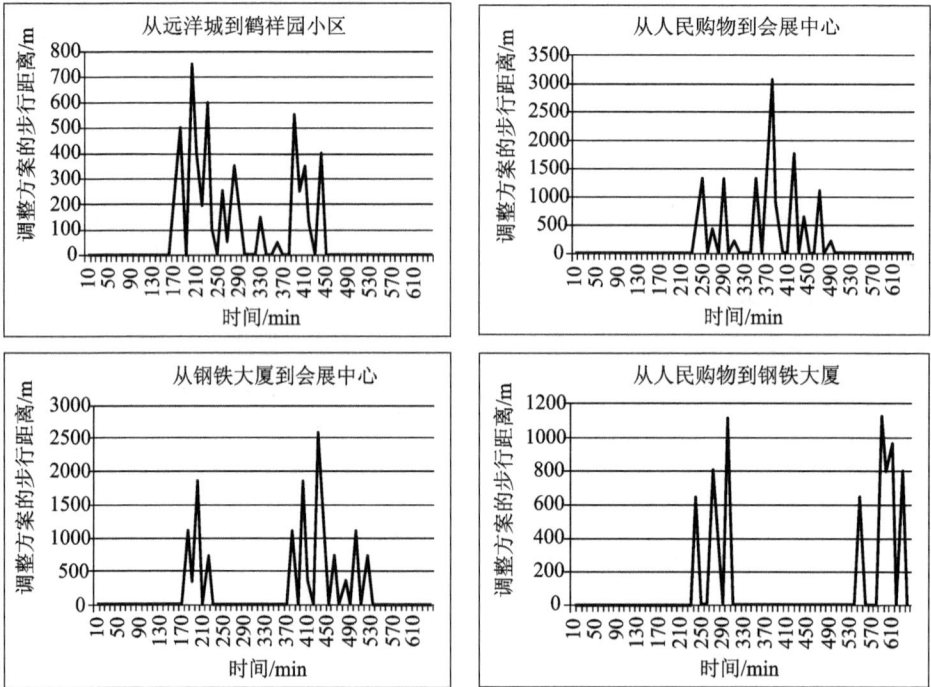

图 5.12 共享停车方案的步行距离

图 5.13 是共享方案的平均步行距离,等于总步行距离除以调整车辆数。根据该城市路网情况,仿真设置驾驶人可接受的最大停车后步行距离为 400m,所以案例仿真输出结果基本都在 300m 以内,总的平均步行距离为 160.59m。按照步行速度 1.3m/s 折算,共享平均步行时间基本在 2.06~3.85min,作为理性驾驶人,当面临车辆安全或者违章惩罚风险等问题时,这一时间基本都能接受。

图 5.14 是按照共享分配方案输出的停车位利用情况。与图 5.9 的真实数据相比,通过国际会展中心和鹤祥园小区停车场的共享分担后,人民购物和远洋城的停车状况明显改善,除偶有溢出外,大部分时间都在可控范围,即表现为实际中的违章停车减少,交通状况改善。而鹤祥园小区和国际会展中心的泊位空闲率明显下降,使闲置的停车资源得到了有效利用。

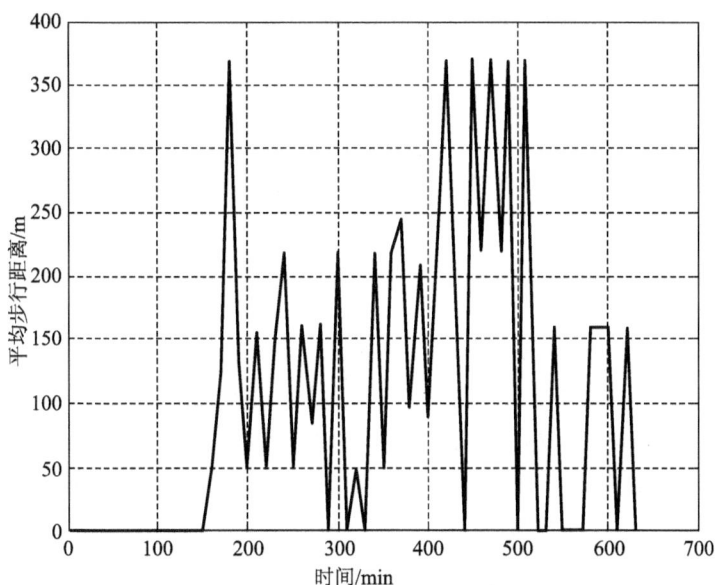

图 5.13 共享方案的平均步行距离

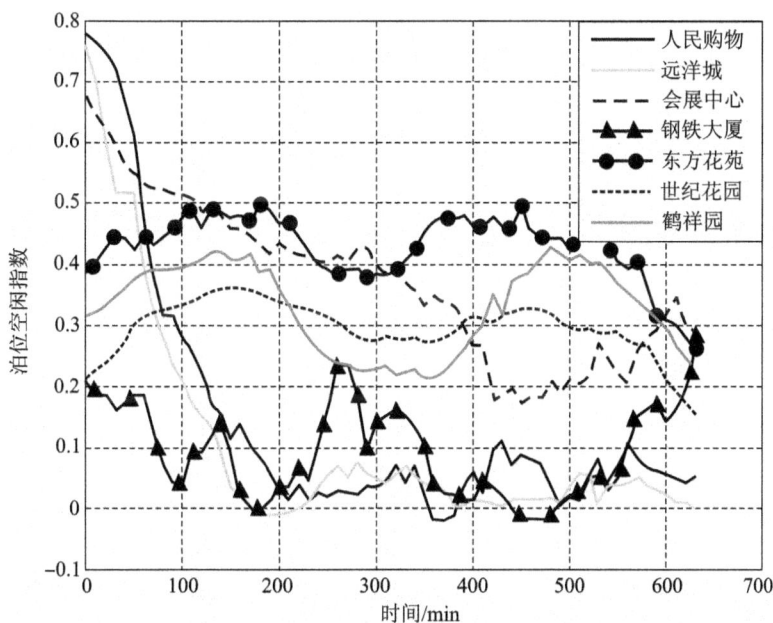

图 5.14 仿真实验输出的泊位空闲率

图 5.15 是居住区停车场高峰期对外共享情况。由于仿真实验设置了对外共享时间为 9:00—16:00,因此图中仅这一时段有共享车辆。由于仿真的数据是调查日获取的停车场及其周边车辆数,没有考虑因找不到车位而离开的车

辆,导致仿真数据小于真实需求,因此,仿真显示的居住区对外共享率仅为0.093。与图 5.9 中的最低空闲停车指数 0.30 相比,毗邻的居住区只利用了不足三分之一的空闲车位就缓解了远洋城的停车溢出,说明居住区在缓解城市停车问题方面的重要作用。

由于仿真设置了最大可接受步行距离 400m,且共享方案分配的原则是步行距离最短,只有共享步行距离最近的鹤祥园小区参与了共享停车,而其他两个居住区泊位空闲率没有变化,表明没有参与共享停车。

从图 5.3 和图 5.9 可知,由于远洋城商业区周边停车场都处于过饱和状态,如果没有居住小区的分担,停车问题不会得到图 5.14 所示的明显改观。东北部的国际会展中心在整个时段都参与了共享停车,表现为高峰时段泊位空闲率整体下降的趋势。根据非会展期数据的仿真结果,国际会展中心停车场参与共享后仍然有较多空闲车位,再结合图 5.10 和图 5.12,这些空闲车位对改善远洋城的停车状况却没有发挥任何作用,分析原因主要是步行距离过远或者鹤祥园小区仍有富余停车位。

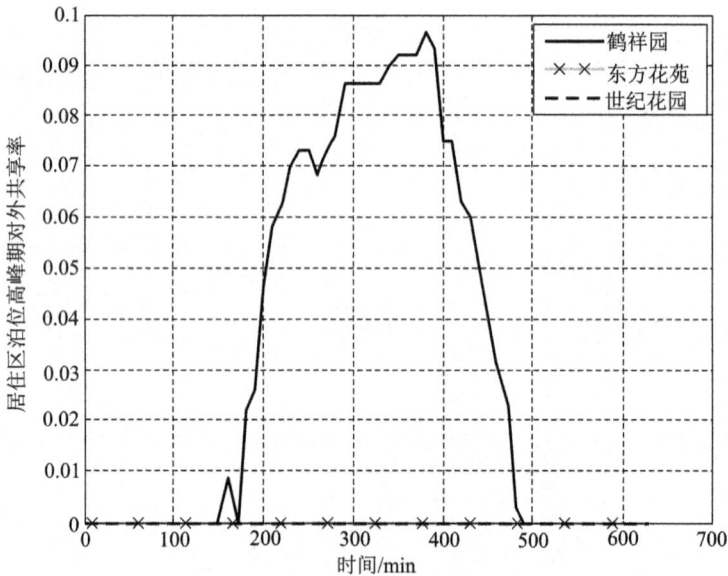

图 5.15 居住区停车位高峰期对外共享指数

图 5.16 输出的是除居住区外的四个停车场高峰期泊位空闲指数差异均值,从曲线形式来看呈整体下降趋势,表明实施共享后各停车场的泊位利用趋于均衡。针对仿真后期曲线上升的情况,结合图 5.9 和图 5.14 分析,可能是河北钢铁大厦的办公时间结束,短时间内大量车辆离开所致。

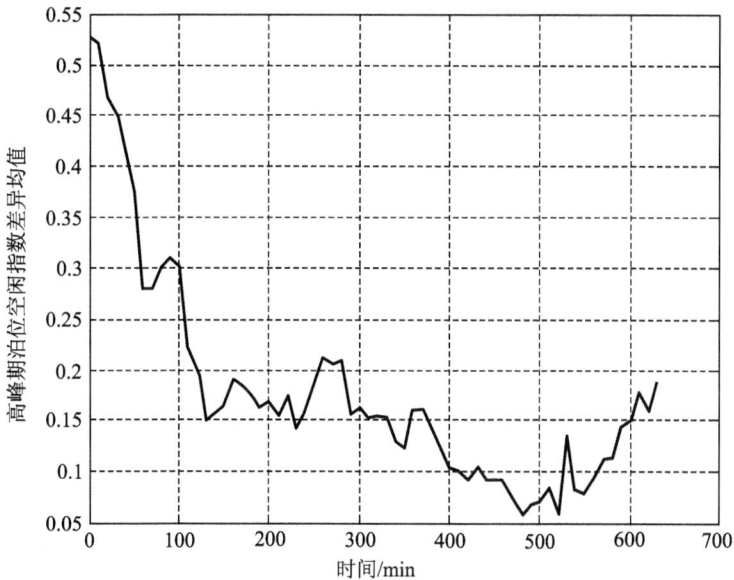

图 5.16 高峰期泊位空闲指数差异均值

综合以上仿真结果,鹤祥园小区由于和远洋城具有优越的毗邻关系,只利用很少的一部分闲置停车资源就缓解了商业中心的停车溢出,而其他两个相对较远的居住区此次没有参与共享停车。与此同时,钢铁大厦和国际会展中心正是利用了不同用地属性建筑物停车位需求在时间方面的差异性也参与了共享停车,但总体上还是居住区更具有优势。因此,居住区参与共享停车比单纯的公共停车场可以充分发挥时间和空间方面的优势,能更好地分担过饱和停车。

现实中,世纪花园小区物业正在尝试对外共享停车,确实吸引了部分外来车辆,但是因为此小区出入口(地下停车场的出入口面向小区出入口,见图 5.3)距离商业中心区相对较远,外来车辆也不能通过有效的方式获取此小区停车位对外共享的消息,加上违章停车检查不严格,大多车主还是倾向于选择路边违章停车,导致居住小区实际吸引的共享车辆不是很多。因此,便捷的停车位信息获取方式、外向型停车场设计和合适的出入口设置都是居住区停车位参与共享的基础。

5.6　本章小结

本章主要分析了共享停车管理平台和驾驶人之间的停车选择博弈和停车场分配过程,由于在二者博弈过程中,驾驶人的选择过程受诱导信息的影响,同时驾驶人的选择结果影响共享平台下一阶段方案的分配,因此,本章的重点基于一定的居住区共享停车假设条件,定义了高峰期泊位溢出指数、居住区停车场实际泊位空闲率、居住区停车位高峰期对外共享率等评价指标,分别以驾驶人策略和共享平台策略为目标函数建立了二者博弈的双层规划模型,根据模型的求解条件,设计了基于变形粒子群算法的嵌套优化算法求解博弈模型的均衡解,并以某市商业中心区及周边居住小区为例进行模型的仿真分析。

6 基于博弈论的停车拥挤损失评估

在我国社会经济高速发展的态势下,汽车保有量在迅速增长,这对城市交通系统提出了很高的要求。然而,由于道路交通设施的建设跟不上日益增加的交通需求,交通管理水平无法满足城市交通出行量的增多,使得我国城市交通一直面临资源紧张的状况。尤其在大中城市,这种现象更为明显。而中心商业区面临的"停车难"问题是城市交通中较为突出、严重的问题。因为与其他使用性质的土地相比,中心商业区由于其经济、商业的性质,单位面积的停车生成率明显较高。通常来说,城市规模越小,其中心商业区的规模也会越小。一般来说,停车面积会占到商业区总面积的 8.3%～15.3%(李峰,1995)。但由于城市中心商业区土地资源紧缺,开发成本较高等,使得中心商业区停车场建设水平明显落后。

目前我国很多城市的停车位数都存在较大缺口,这在一定程度上加剧了城市中心商业区的停车难问题。除此之外,早期的城市规划相对滞后,城市主城区建设基本完成,扩建困难,也是很多城市主城区经常发生停车拥挤现象的主要原因。并且目前我国很多城市的停车场管理过于简单,不能依据车辆型号及停放时间来对车位进行分区管理,降低了停车场的周转率。驾驶员的很多不规范停车行为也加剧了停车拥挤现象。为了停取车方便,很多驾驶员随意占用停车场出入口,阻碍了其他车辆的进出,影响了整个停车场的运转效率,也导致了停车场内资源的浪费。还有的停车场由于缺少停车智能诱导设备的利用,不能及时发布停车场内车位利用情况的信息,当停车场内的车位不足时,驾驶员在不了解情况的条件下会驶向停车场,从而造成停车场拥挤情况更加严峻;部分停车场由于没有规划车辆运行路线,将停车场出入口设置在同一侧,且相距不远,当停车场入口处发生拥挤时,也影响到车辆的离开,降低了停车场的使用率;有的停车场设计不合理,在停放车辆时,驾驶操作难度较大,对驾驶员的技术要求较高,这导致了该种停车场的泊位利用率很低,驾驶员宁可违规或者支付高额停车费用将车停放在方便区域,也不愿来这种停车场停车,最终导致了停车资源的浪费和利用不平衡,加剧了停车拥挤现象。

北美地区的路内停车周转率为 3.8 次/天,欧洲路内停车免费时的停车周转率为 2.24 次/天,日本东京路内停车周转率为 5.03 次/天(吕北岳,张晓春,2009),但我国很多城市路内停车的时间却普遍偏长,致使泊位周转率过低。这也是导致城市停车难的原因之一。在美国,每年发生在道路、港口、机场等区域的拥挤可造成高达 2000 亿美元的损失,一年由于拥挤导致的损失时间为37亿小时,额外增加消耗燃油量约为 23 亿加仑(李瑞敏,2009)。而且更为严重的是,交通拥挤已经严重影响了人们的生活质量,剥夺了人们的时间,也给人们的社会生活带来了严重的危害。基于这些现状和基础设施有待完善的背景,本章在此基础上开展了对停车拥挤及拥挤损失评估的研究。

6.1 停车拥挤问题研究现状

6.1.1 国外研究现状

在 20 世纪 70 年代之前,美国加大了停车场的建设规模,并对停车场内的停车位数下限值进行了控制(韩晓瑜,2013)。这一举措极大地促进了停车场在一段时间内的建设和蓬勃发展,缓解了停车难问题,但在设施投入使用后不久,又开始出现停车拥挤现象。这是由于新建的停车场会刺激新的停车需求量,并且这种停车需求倾向于超过停车供给。这种停车拥挤与停车设施改善之间的矛盾可用图 6.1 描述。

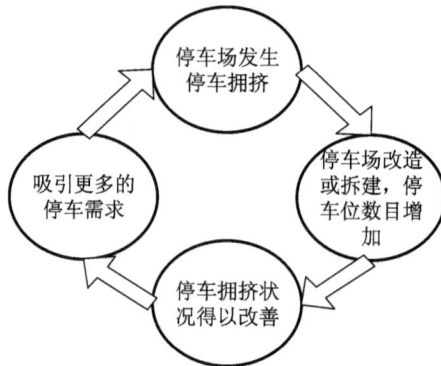

图 6.1 停车拥挤与停车设施之间的矛盾

拥挤问题也大多可通过停车需求管理来解决。主要措施为实施路内停车限制,例如,为了充分利用公共空间和减少停车需求量,欧洲很多国家实行路内停车付费的措施,这一举措大大减少了路内停车需求。除此之外,国外很多科研人员也对停车拥挤问题及其带来的损失进行了研究。Antony Stathopoulos 和 Matthew GKarlaftis(2002)论述了拥堵时间在交通拥堵研究方面的重要性,并建立了计算拥堵时间的模型。Cesar(2000)认为以行程时间作为交通拥堵管理性能指标具有优越性,并提供了时间和行驶速度的采集方法。D'Abadie R R J 等(2002)对交通拥堵中时间和距离指标做了比较,讨论了每个指标对量化交通拥堵的影响程度,并以时间指标为基础对交通拥堵进行了分类。Daniela Bremmer 等(2004)提到了以时间的变化性来考虑出行的变化性,同时采集数据进行分析;并给出拥堵评价的新的原则。Mayeres(1993)建立了小汽车外部使用成本(生态环境成本、拥堵损失成本和交通安全事故成本)的量化模型。Ketcham 和 Komano(1992)研究得出:汽车由于拥挤产生的外部成本占到其运输总外部成本的 3/4 以上。Behrens(1992)在运输外部成本中将燃油作为指标。Zegras(1998)对治理圣地亚进行调研时,得出小汽车的拥挤外部成本占到所有机动车拥挤外部成本的 52.8%。

6.1.2　国内研究现状

我国也有很多研究者对停车问题进行了探讨。肖飞等(2009)给出在混合土地利用模式下,应用共享停车位的方法来解决停车拥挤问题,但并没有考虑到停车位共享会带来出行距离增加,出行成本增加,从而导致机动车驾驶员的接受程度降低。冯伟(2008)考虑了当驾驶员在道路一侧停取车时,离开和加入车流导致交通流延误的模型和公式,并没有考虑对通行能力的影响。王冰玉(2013)对中国快速进入汽车社会后面临的交通阻塞和停车难的现象进行了探讨,定性地分析了造成这种现象的各种因素,提出了解决措施。刘丽君(2007)给出了交通拥挤的外部性成本评估模型,但只是从经济学的角度考虑了拥挤带来的损失。张香平(2007)对北京市私人小汽车使用的拥挤外部成本进行了研究和分析,并建立了数学计算模型,应用模型计算了拥挤时段小汽车的时间损失和燃油消耗增加值。冯相昭(2009)在对交通拥挤外部成本研究中,以出行时间延误、燃料消耗增加为指标,对交通拥挤下的损失进行估算,并以北京、上海为例进行了说明。这些涉及拥挤产生的损失时都只考虑了外部成本增加,没有涉及拥挤对动态交通及通行能力的影响。

目前,国内外多数针对交通拥挤问题的研究都集中在道路交通拥挤问题上,即动态交通方向,对停车拥挤这个静态交通问题的研究很少,且目前大多数针对停车问题的研究都处于基础理论研究阶段,研究重点大多放在分析停车拥挤的成因上,研究都只是针对个别城市进行,通过调查城市的停车设施,了解停车拥挤的成因,然后定性地给出解决停车拥挤的建设性意见,并没有对造成停车拥挤现象的实质原因进行分析。现阶段对停车问题的研究也没有考虑停车拥挤带来的出行成本增加,以及对社会和人们的出行生活带来的危害。没有从停车拥挤带来的损失方面考虑解决停车拥挤问题的重要性,不足以引起人们的重视。本章从研究停车拥挤状态入手,应用博弈论对停车拥挤成因的本质进行分析,并通过从评估停车拥挤带来的损失角度出发来考虑解决停车难问题的重要性。

6.1.3 停车拥挤研究的意义

针对城市生活中日益严峻的停车难问题,分析这种现象产生的背景,应用博弈论的观点对停车拥挤现象产生的本质原因进行研究,得出各个影响因素与停车拥挤现象的关系;通过对各个变量的控制,得到均衡,并给出停车拥挤问题的解决措施,这些解决措施适用于绝大多数城市面临的停车拥挤问题,且对于改善城市中的交通拥挤,特别是停车拥挤具有一定的指导作用。本书以向公众开放的设立在道路两侧的公共停车场为研究对象,建立停车拥挤状态下驾驶员出行成本变化的模型,车辆减速加入停车排队队伍时对整个交通流的延误损失模型,以及停车排队占用道路资源影响道路通行能力的模型来说明停车拥挤问题带来的危害,从而反映出解决城市停车拥挤问题的重要性和急迫性,也为政府解决停车问题和改善城市交通管理提供了理论依据,对于城市交通的发展具有积极的意义。

6.1.4 研究思路

本书研究思路如图6.2所示。

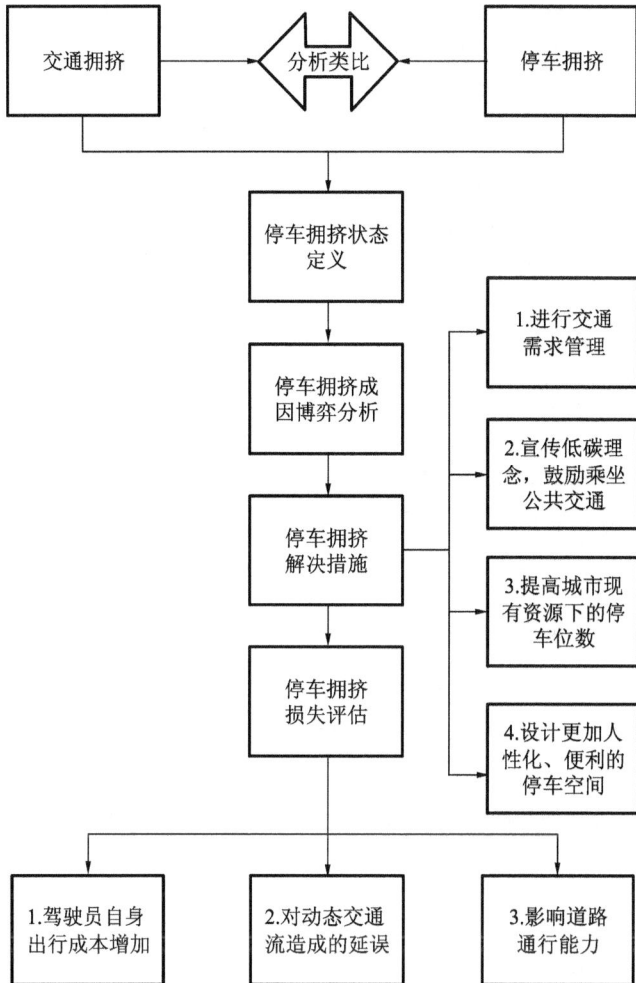

图 6.2 研究思路

6.2 停车拥挤问题博弈分析

当面临停车拥挤状况时,驾驶员之间存在着非合作博弈。故在研究停车拥挤的形成原因时,可考虑从研究这种博弈理论入手来分析停车拥挤成因。

6.2.1 博弈论——"公共地悲剧"

所谓的公共地(也叫公共资源)指的是所有人都有权利自由使用的自然资源或生产的供所有人使用的设施或产品。比如地下水资源、草原上的放牧区、家庭或汽车产生并排放的废气、公共道路资源、公共停车场等。

　　发生在公共地的悲剧是由牧羊人作为理性人,其期待的结果是使自己的收益最大化而导致的。要达到这一目标,对于每个独立的牧羊人来说便是增加自己的羊群数量,牧羊人多增加一只羊的后果只有两种:一是在草原上羊群数量还没达到饱和时,牧羊人会额外获得增加这一只羊的收益;二是当整个草原上羊的数量饱和时,再增加羊的数量会造成草地过度放牧,超出草地的承载能力,导致草地被破坏。此时所有牧羊人不仅没有获得因额外增加羊的数量而产生的利益,很有可能还会发生较大损失,导致现有的羊群没有草可吃,这就是"公共地悲剧"。"公共地悲剧"显示,当对公共资源的产权界定不清,使用这些资源不用付出代价时,会导致这些资源的过度开发,最终将导致资源的浪费甚至是短缺。要解决这个问题,需要政府对这些资源加以保护,或将其收归国有,并对资源使用者征收资源税或其他相关费用。停车资源属于一种公共资源,停车拥挤是驾驶员对停车场的过度利用造成的。所以可以用"公共地悲剧"对停车拥挤现象进行分析。

6.2.2　停车拥挤成因博弈分析

　　停车拥挤问题属于静态交通问题的一部分,由于目前绝大多数的研究都是针对动态交通拥挤进行的,没有专门针对停车拥挤现象的研究,故在展开对停车拥挤问题的成因研究之前,首先总结交通拥挤的概念、特点,根据交通拥挤的特征,给出停车拥挤状态的定义,并根据这些定义来展开其成因的博弈分析。

6.2.2.1　停车拥挤概念

　　交通拥挤指在特定的时间和区域内,当交通需求和供给之间不平衡时,路段发生车辆滞留和阻塞的现象。交通拥挤有两点很重要:一是交通拥挤的时间性;二是交通拥挤的空间性。即交通拥挤只会发生在城市某些路段的特定时段,并非一整天都发生,也不可能发生在整个路网。这种现象的出现也只是在特定时刻、特定路段交通出行需求对道路资源的一种不充分利用导致的。

　　由于欠缺对拥挤这个概念在交通领域的共识,目前国际上对于交通拥挤的定义还没有统一的标准。不同国家和城市对交通拥挤也有如下不同的衡量标准(吕北岳,张晓春,2009)。如表 6.1 所示为不同国家对交通拥挤的衡量标准。

表 6.1		交通拥挤的衡量标准		
单位	日本建设省	美国《道路通行能力手册》	我国公共安全行业标准《道路交通阻塞度及评价方法》	《城市交通管理评价指标体系》
定义	一般道路拥挤长度在 1km 以上或拥挤时间在 10min 以上定义为交通拥挤	车速在 22km/h 以下的不稳定车流称为拥挤车流	车辆在无信号灯控制的交叉口外的车行道上受阻排队长度超过 250m 的,或车辆行至信号灯控制交叉路口,3 次绿灯显示未通过路口的为拥挤;车辆在无信号灯控制的交叉口外的车行道上受阻排队长度超过 400m 的,或车辆行至信号灯控制交叉路口,5 次绿灯显示未通过路口的为严重拥挤;车辆在车行道上受阻排队长度超过 1km 的路段为拥挤路段,超过 1.5km 的路段为严重拥挤路段	城市主干路上机动车的平均行驶速度高于 10km/h 而低于 20km/h 的为拥挤状态;城市主干路上机动车的平均行驶速度低于 10km/h 的为严重拥挤状态

　　上述这些定义的共同特点是都采用了排队长度或者平均速度等指标来定义交通拥挤的状态。

　　城市交通分为静态交通和动态交通,停车拥挤属于静态交通问题。动态交通和静态交通之间相互作用且相辅相成,解决好停车问题,动态交通就会相对顺畅,反之就会更加拥堵。通过对交通拥挤特征及其衡量标准的研究,借用交通流拥挤理论,本章从车辆排队长度、等待时间等方面来定义停车拥挤的概念。停车拥挤指在一定时间范围内、一定的停车区域积聚了超过停车泊位数量的车辆的现象。类比日本建设省对交通拥堵的定义,本章将停车拥挤描述为停车区域内无车位车辆数超过三辆或者排队等待时间超过 10min 的状态称为停车拥挤状态,并在此基础上展开停车拥挤与拥挤损失评估的研究。

6.2.2.2　停车拥挤博弈分析

　　目前城市中机动车数量多,但停车泊位数不足,停车位相对于机动车来说属于稀缺的公共资源,因此可以用博弈论中的"公共地悲剧"来分析城市停车拥挤问题的成因。

　　下面应用"公共地悲剧"的相关研究来分析停车拥挤的成因。

　　假设如下:某一区域的公共停车场中已投入使用的停车位数一定,且该区域内的公共停车场向每一个社会成员开放,不考虑新建的停车场。当寻找目标停车位时,人与人之间不存在相互合作,居民停车的唯一准则就是最大限度地为自己提供便利。用 $n(n>0$,且 n 为定值)表示该区域的停车位总数。$g_i(g_i>0)$ 表示第 i 个驾驶员需要的车位,则该区域的需求车位总数为 $G=g_1+g_2+g_3+\cdots+g_n$。此时,每个人获得车位时对停车资源占有的满意度之和用函数 $V(G)$ 表示,由于该区域内每辆车都需要找到停车位来停放车辆,则在停车需求高峰期必然存在 $G=G_{\max}$,使得当 $G<G_{\max}$ 时,$V(G)>0$;当 $G=G_{\max}$ 时,$V(G)=0$。由于在停车需求平峰期,车位数充足,多增加一辆车不会对系统造成损失,但是当车辆数增加到与停车位数相同时,如果车辆数继续增加,则新增加的车辆数会极大地降低系统内所有车位带来的总效用 $V(G)$,从而产生城市停车拥挤问题。

现将该博弈转化为基本式 $G=\{S,U\}$。

(1)参与者集合:定义驾驶员为 $1,2,3,\cdots,n$;$N=\{1,2,3,\cdots,n\}$。

(2)策略空间:驾驶员 i 所需的停车位数为 g_i,策略空间 $S_i=[0,G_{\max}]$,$i\in N$。

(3)收益函数:当其他驾驶员所需的车位数为 $(g_1,\cdots,g_{i-1},g_{i+1},\cdots,g_n)$ 时,拥有停车位对第 i 个驾驶员的效用为:

$$U_i(g_1,g_2,\cdots,g_i,\cdots,g_n)=g_iV(g_1+g_2+\cdots+g_{i-1}+g_i+g_{i+1}+\cdots+g_n)$$

$$(6\text{-}1)$$

每个驾驶员追求的是使自身效用的最大化,即:$\max U_i(g_1,\cdots,g_i,\cdots,g_n)$。

假如 $(g_1^*,\cdots,g_n^*)$ 达到纳什均衡的话,对于每一个驾驶员而言,在给定其他驾驶员的策略组合 $(g_1^*,\cdots,g_{i-1}^*,g_{i+1}^*,\cdots,g_n^*)$ 下,g_i^* 一定会使式(6-1)最大化。

最大化的必要条件(一阶条件)为:

$$\frac{\mathrm{d}u_i}{\mathrm{d}g_i}=0 \qquad (6\text{-}2)$$

即

$$V(g_i+g_{-i}^*)+g_i\dot{V}(g_i+g_{-i}^*)=0 \qquad (6\text{-}3)$$

最大化的充分条件也称(二阶条件)为:

$$2\dot{V}(g_i+g_{-i}^*)+g_i\ddot{V}(g_i+g_{-i}^*)<0$$

其中,$g_{-i}^*=g_1^*+\cdots+g_{i-1}^*+g_{i+1}^*+\cdots+g_n^*$。利用对称性可知,式(6-3)是使每一个驾驶员效用最大化的充要条件。根据纳什均衡的定义:g_i^* 一定是式(6-3)的解。将 g_i^* 代入式(6-3)中,并将所有驾驶员的必要条件相加,得

$$nV(G^*)+G^*\dot{V}(G^*)=0 \qquad (6\text{-}4)$$

用 n 除以式(6-4),可得:

$$V(G^*) + \frac{1}{n} G^* \dot{V}(G^*) = 0 \qquad (6\text{-}5)$$

其中, $G^* = g_1^* + \cdots + g_n^*$ 。

式(6-5)是达到纳什均衡时,所有车辆数之和应该满足的条件。

与驾驶员利益最大化相对立的是系统的收益最大化,系统的目标是使所有车位带来的效用最大化:

$$\max_{0 \leqslant G \leqslant \infty} GV(G)$$

一阶条件:

$$V(G^{**}) + G^{**} \dot{V}(G^{**}) = 0 \qquad (6\text{-}6)$$

二阶条件:

$$2\dot{V}(G^{**}) + G^{**} \ddot{V}(G^{**}) < 0$$

G^{**} 就是系统的最优解,比较式(6-5)和式(6-6),可得 $G^* > G^{**}$,即从整体的角度来看,系统不是最优状态,一个已经拥有 g_i 车位的第 i 个驾驶员出于自己的便利,想再多占用停车位资源,而增加的效用为 $V(g_i + g_{-i}^*)$,但是它对系统来讲,会带来 $g_i V(g_i + g_{-i}^*)$ 的损失。因为每个驾驶员只考虑自己的利益,并不考虑其停车行为对其他人带来的损害,因而停车资源被不合理使用。

综合上文的分析可知:城市停车问题可以被抽象为非合作多人博弈问题——"囚徒困境"。陷入"囚徒困境"的局中人都在试图实现自己的效益最大化,但最终却使得局中所有人都遭受惩罚。

经济学家们也已发现这个现象,当人们完全从自己的利益角度出发利用公共资源时,公共资源总是被过度使用,最终导致效率低甚至是浪费。比如现在大量浪费淡水资源、过度捕捞海里的生物、肆意地向空气中排放污染气体、过度开发旅游资源等不文明现象最终都会导致这些资源的短缺。

因此,从集体的角度出发,要走出囚徒困境,就需要对不合作者进行惩罚、建立长期合作关系,使得参与个体在关键时刻能为了集体利益放弃个人利益。在对公共资源的利用、公共设施的提供方面,政府的约束、调配和组织是很重要的。

为了解决城市停车拥挤问题,实现停车资源的最优化,根据上文推导结果,需要找出与 G^* 相关的变量,通过改变这些变量,使得 G^* 最终趋近于 G^{**} ,从而实现系统的最优化。

由式(6-5)推导最终可得:

$$G^* = -\frac{n \cdot V(G^*)}{\dot{V}(G^*)}$$

已知,n 为常数,即该区域内已投入使用的停车位总数一定且已知。可以通过改变纳什均衡时需求停车位数 G^* 的大小进而改变 $V(G^*)$、$\dot{V}(G^*)$ 的大小。或直接改变均衡时的车辆数 G^*(已知在纳什均衡时,需求停车位数即为车辆数)使得 G^* 接近 G^{**}。

则可得出以下推论:

(1)在其他条件不变时,降低在纳什均衡时所需停放的车辆数 G^*,使之与 G^{**} 接近。

(2)在其他条件不变时,增加在纳什均衡时所需停放的车辆数 G^* 对城市停车资源占用的效用 $V(G^*)$,从而趋近于 $V(G^{**})$。

(3)在其他条件不变时,增加车位数 $G_{\max}$ 来提高 $V(G^*)$,使得在纳什均衡时的车辆数 G^* 接近 G^{**}。

(4)在其他条件不变时,降低 $V(G)$ 的值,提高 $\dot{V}(G^*)$ 的值,使得在纳什均衡时,需求停放的车辆数 G^* 接近于 G^{**}。

6.2.2.3 城市停车拥挤问题的解决措施

(1)进行交通需求管理。

针对推论(1),可以采取的措施为限制出行车辆数。出行车辆数减少,需求停车位数就会减少,停车拥挤问题会在一定程度上得到缓解。也可采取在停车拥挤区域进行拥挤收费或者提高停车费用,这样可以迫使那些考虑到经济原因出行的驾驶员转乘公共交通,从而减少停车压力。

(2)宣传低碳理念,鼓励乘坐公共交通。

针对推论(2),可以采取的措施为政府设计合理的"停车换乘",即大力开设城市边缘到市中心的公交线路,方便市民的换乘,鼓励市民将机动车停在市中心外缘,乘坐公共交通进入市中心,以求减小城市中心区的停车压力。政府也应设计合理的公交换乘线路,并通过各种媒体向市民宣传低碳环保的绿色出行理念,鼓励市民乘坐公共交通,并对长期乘坐公共交通的市民开展优惠和奖励政策,这样可以减少市民驾车出行,从而缓解城市停车拥挤。

(3)提高城市现有资源下的停车位数。

针对推论(3),由于我国城市建设大多已经完善,要开发新的停车场需要付出很大的经济成本,对开发商来说不太合算,则这种情况下,要解决该区域停车拥挤问题,需积极引进先进技术,在停车需求较大的区域采用立体停车库来增加停车位数,进而满足停车需求,或大胆尝试新的理念——共享停车位。所谓共享停车位是指在停车位缺乏区域,利用周围居住区与之具有错峰停车特性的空闲车位,实现停车资源的充分利用,进而解决该区域的停车位不足问题。或者可以考虑在城市中心区边缘和公共交通不便利的区域提供较多的停车空间,当驾驶员驾车出行时,会考虑中心区的拥堵与停车难等因素,从而选择将车辆停放在停车资源较为充足的中心区边缘,从而在一定程度上缓解了中心城区的停车拥挤现象。

(4)设计更加人性化、便利的停车空间。

针对推论(4),可采取的措施为设计更加人性化、便利的停车空间。驾驶员多占用停车空间,无非就是为自己停放车、取车提供便利条件。停车场设计者在设计停车位时,不仅要从停车位数量来考虑设计停车场,也要从为驾驶员提供的便利性角度考虑停车场的设计,即要避免车辆进入停车场或出停车场时都必须经历连续的大转弯,或停车后还要步行很远才能到达目的地的情况。研究表明以泊车者的步行时间为 5～6min,停车距离在 200m 以内,最大不超过500m 为宜(王炜,2003)。在停车场车位停放车、取车相对便利时,驾驶员便不会多占用停车空间,从而可使停车场发挥其最大效用。

6.3　停车拥挤损失的评估模型

当发生停车拥挤时,不仅会增加驾驶员自身的出行成本,也会对动态交通造成延误,对道路通行能力造成影响。本章从这几个角度展开研究来评估停车拥挤带来的损失,通过建立损失评估的数学模型,反映停车拥挤对驾驶员和道路交通的影响。

6.3.1　停车拥挤对驾驶员出行成本的影响

当发生停车拥挤时,对驾驶员带来的出行成本增加主要包括停车排队时的额外燃油损失和时间损失。下文研究时为了统一度量单位,将这两个指标按照目前市场价格量化为相应经济值。

(1)燃油损失。

计算燃油损失的经济值,则需要实地调查停车排队时的平均每车延误时间 T_a,平均排队车辆数 N_a;总延误时间 T_t 可以用平均每车延误时间 T_a 与平均排队车辆数 N_a 的乘积求得;怠速时的平均燃油效率 q_a 可以参考相关研究成果,由于车辆在停车排队时需要不断地移动,因此在停车排队时驾驶员不会熄火,而是频繁的踩刹车和油门,此时可以将这种情况与汽车怠速时的燃油消耗来类比,事实上,由于频繁的踩刹车和离合,燃油消耗要更大,本章取停车怠速时的油耗。在停车怠速的情况下,每等待 3min 相当于行驶 1km,而每辆车平均油耗每百公里大约 8L,则每 3min 的停车油耗为 0.08L(王伟男,2015),每分钟平均消耗燃油 0.027 升。停车排队时的额外燃油消耗总量 Q_T 可以用总延误时间

T_t 和怠速时的平均燃油效率 q_a 求得。以目前使用最为广泛的 93 号汽油的单价来衡量,据最新统计消息,多个城市的燃油均价在 5.80 元/L 左右,取 5.80 元/L 为平均价格(江南,2016),则额外燃油消耗带来的经济损失值 M_Q 为:

$$T_t = T_a \times N_a$$

式中,T_a 为平均每车延误时间,单位为 min;N_a 为平均排队车辆数,单位为辆;T_t 为总延误时间,单位为 min。

$$Q_T = q_a \times T_t$$

式中,Q_T 为额外燃油消耗总量,单位为 L;q_a 为怠速时的平均燃油效率,取值 0.027L/min。

$$M_Q = Q_T \times 5.80 \text{元/升}$$

式中,M_Q 为额外燃油损失的经济值。

(2)时间损失。

当停车场发生停车拥挤时,驾驶员在停车场外排队等待车位所花费的时间对驾驶员来说也是一种损失,要量化评估这种损失,可以参考驾驶员的年均工资水平。根据国家统计局资料显示,取城镇居民人均工资水平,然后以每年 12 个月的工资,每天工作 8 小时来计算每小时工资水平。则可得到:

$$x_h = \frac{I_a}{12} \times \frac{1}{D_m \times 8}$$

式中,I_a 为城镇居民年平均工资水平;D_m 为月计薪天数;x_h 表示人均小时工资水平。

出行成本与出行目的有关,不同的出行目的可参考世界银行推荐的影响系数(表 6.2)(任恒宽,2010)。

表 6.2　　　　　　　　出行目的对出行成本的影响系数

出行目的	工作、商务	其他非工作出行
影响系数	1.33	0.3

则时间延误造成的损失价值为:

$$W = x_h \times \theta \times \frac{T_t}{60}$$

式中,θ 为不同出行目的对出行时间成本的影响系数;x_h 为人均小时工资水平;W 为时间延误造成的损失值;T_t 为总延误时间,单位为 min。

综上可知,停车拥挤造成的驾驶员出行成本增加值为:

$$Y = M_Q + W$$

式中,Y 为驾驶员总的出行成本增加值;W 为时间延误造成的损失值;M_Q 为额外燃油损失的经济值。

6.3.2 停车拥挤对动态交通的影响评估

目前我国许多城市的停车场入口设计主要有以下两种,以笔者所在的三线城市唐山为例,不管停车场形式是地下还是地上,其入口道形式以图6.3、图6.4所示的两种设计为主。本节对这两种停车场驶入车流对动态交通造成的延误展开研究。

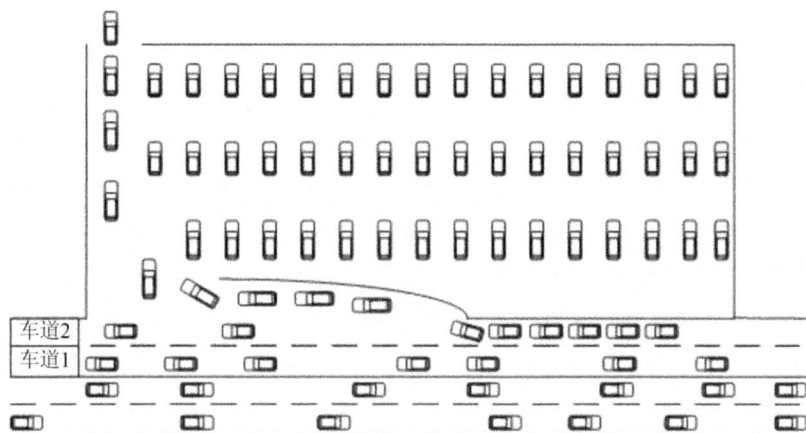

图6.3 有入口道的停车场

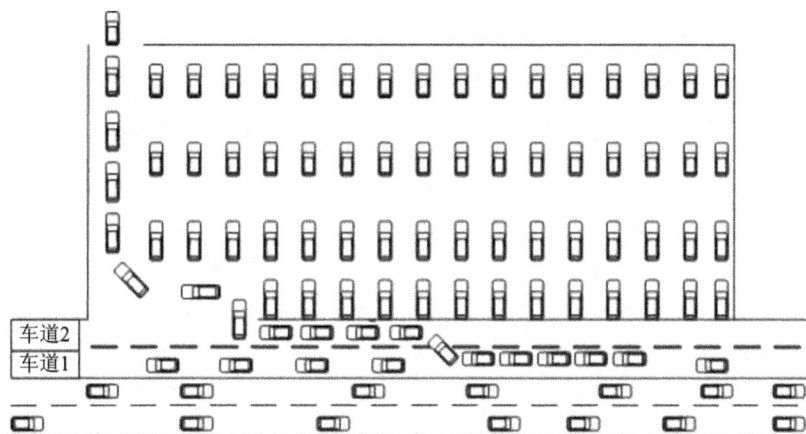

图6.4 无入口道的停车场

如图6.3所示,假设在停车场入口道设计较为合理的情况下,需要进入停车场停放车辆的驾驶员会在该条道路的车道2行驶,假设在车道1行驶的驾驶员不会突然右转到车道2再进入停车场(突然右转的情况属于突发情况,比较复杂,本章不予考虑)。当停车场入口没有发生停车拥挤排队时,由于入口道较长,行驶在车道 2 的车辆会直接右转进入停车入口道,无须减速(到达停车场入口处才需要减速),此时不会对后续交通流造成延误。但当停车场入口道发生停车拥挤排队时,行驶在道路上的车辆想要进入停车场,必须减速进入停车场入口道来加入停车排队的队伍,当停车场入口道足够长,排队的车辆没有占用车道 2 的宽度时,车辆减速加入停车排队的队伍时只对道路交通流造成延误,对通行能力的影响可以忽略不计,但当停车拥挤现象较为严重,排队车辆较多占用到车道 2 时,会对该路段的通行能力带来较大影响,不可忽略。

如果停车场的入口道设计如图 6.4 所示,在停车场发生停车拥挤时,会占用车道 2 的道路,并在车道 2 上发生停车排队,造成车道 2 被堵塞。此时道路上所有的车辆都会在车道 1 上行驶,行驶在车道 1 上的驾驶员是否驶入停车场,可以根据在车道 2 排队的车辆数来进行决策。如果排队长度过长,不在驾驶员接受的程度内,则驾驶员可以拒绝加入停车排队,在车道 1 正常行驶离开停车场。如果排队长度在驾驶员可接受的程度内,则驾驶员需要减速右转,来加入排队的队伍,此时会对车道 1 上陆续到达的车辆造成延误。

6.3.2.1 基本假设条件

(1)假设所研究支路为两幅双向四车道道路,不考虑非机动车停放带来的影响。

(2)发生停车拥挤时,排队只发生在靠近路侧边缘的车道。

(3)发生停车拥挤时,车辆减速加入停车排队队伍时会对交通流产生影响,车辆驶出停车场对道路交通的延误不考虑。

6.3.2.2 车辆减速加入停车排队队伍时的延误模型

在上面的分析中得知,无论哪种形式的停车场,当停车场发生停车拥挤时,驾驶员需要减速右转加入停车排队队伍,会对道路上后续到达的交通流造成延误。车辆加入拥挤停车排队队伍时,对交通流的延误与交通流的形式有关,由于车辆的到达是随机的,因此可以用离散型分布来描述其规律(李江,2014)。

(1)自由流状态。

当交通流量不大,车辆之间的相互影响较小,其他外界干扰因素不影响时,用泊松分布可以较好地拟合其特征。如图 6.3 所示,在自由流状态下,对于车道 2 上任意一点,在单位时间内到达 k 辆车的概率为:

$$P(k) = \frac{(\lambda \times \Delta t)^k}{k!} \times e^{-\lambda \Delta t}, \quad k = 0, 1, 2, \cdots$$

式中,λ 为单位时间内车辆的平均到达率;Δt 为时间间隔;e 为自然对数的底,取值为 2.71828。

在图 6.3 中,假设行驶在车道 2 上的车辆离开原来的交通流,驶入停车场入口道加入停车排队队伍时对车道 2 上陆续到达的交通流造成的时间延误(也可称为车流中断时间)为 Δt_1,则车辆在加入停车排队队伍时对车道 2 上后续到达的交通流的延误包括车流中断时间 Δt_1 和车道 2 上车辆疏散所需的时间 Δt_2。假设车辆在疏散时能够以饱和流率 q_0 释放,则图 6.5 表示车辆到达服从泊松分布时的到达-离去曲线,则在 Δt_1 内原交通流发生阻塞排队,在 Δt_2 内车辆疏散完。

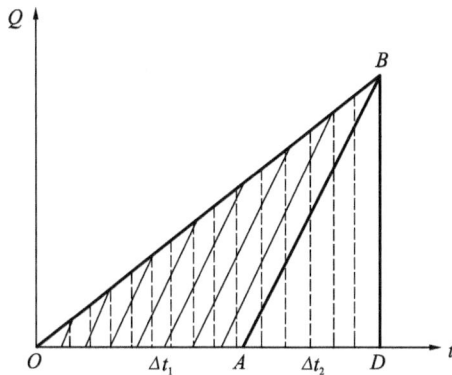

图 6.5　自由流状态下的车辆到达-离去曲线

以图 6.5 为例进行说明,当停车场发生停车拥挤时,假设道路上的车流密度不大,车辆随机到达时,则每发生一次车辆离开车道 2 加入停车排队都是一个概率事件。在此令 $t_0=\Delta t_1+\Delta t_2$,当 t_0 被分成 n 个较小的时间段时,由于每个较小的时间段内概率事件的变化率很小,即车辆到达的数学期望是相同的,也就是说三角形 OAB 的面积就表示所有到达车辆在 t_0 内的延误。

车流中断时间 Δt_1 可以通过实地调查得到,且与路段上的车流量有关。假设观察时间取 $1h$,车辆离开车流加入停车排队队伍具有随机性,可以用数学期望来表示车流中被阻车辆的排队长度。由上述假设可知,t_0 内被阻车辆会在 Δt_2 内以饱和流率 q_0 疏散,即

$$E(q(\Delta t_1+\Delta t_2))=q_0\Delta t_2 \tag{6-7}$$

可以通过该式求得 Δt_2。

将 Δt_1、Δt_2 代入 $\triangle OBD$ 和 $\triangle ABD$ 的面积计算式中,化简求得:

$$S_{\triangle OBD}=\frac{1}{2}OD\times BD=\frac{1}{2}t_0\times E(q(t_0))=\frac{1}{2}\lambda t_0^2 \tag{6-8}$$

$$S_{\triangle ABD}=\frac{1}{2}AD\times BD=\frac{1}{2}\Delta t_2\times q_0\times\Delta t_2=\frac{1}{2}q_0\Delta t_2^2 \tag{6-9}$$

自由流状态 1 次停车延误:

$$d_1 = S_{\triangle OBD} - S_{\triangle ABD} = \frac{1}{2}\lambda t_0^2 - \frac{1}{2}q_0\Delta t_2^2 \qquad (6\text{-}10)$$

由前面已知车辆到达服从泊松分布,假设车辆在观察的单位时间内有 m_1 辆车发生离开车流加入停车排队,则该路段交通流在观察时间内发生的延误:

$$D_1 = m_1 \times d_1$$

该路段交通流在 1h 内发生的延误:

$$D_1 = m_1 \times \left(\frac{1}{2}\lambda t_0^2 - \frac{1}{2}q_0\Delta t_2^2\right)$$

式中,m_1 为自由流状态下在单位观察时间内(取 1h)离开车流加入停车排队队伍的车辆数;λ 为单位时间内车辆的平均到达率;q_0 为该路段的饱和流率;t_0 为 1 次车辆离开车流加入停车排队造成的延误时间 Δt_1 和疏散时间 Δt_2 之和;Δt_2 为 1 次车流阻塞的疏散时间。

(2)非自由流状态。

当道路上的车流量较大,且车流量忽大忽小,波动较大时,可以用负二项分布来描述车流。则在计数间隔 t 内到达 k 辆车的概率为:

$$P(k) = C_{k+\beta-1}^{\beta-1} p^\beta (1-p)^k, \quad k=0,1,2\cdots$$

式中,p、β 为负二项分布参数,据实际观察数据时可得:$0<p<1$,β 为正整数。

在非自由流状态下,车辆的到达具有较大波动性并不均匀,类比泊松分布的推导过程,将 1 次车辆驶离车流加入停车排队队伍视为 1 个概率事件,则对应 1 个数学期望,此时可以求得疏散时间 Δt_2,车辆到达-离去曲线如图 6.6 所示,则 1 次停车造成的延误 $D_1 = S_{\triangle OBD} - S_{\triangle ABD}$。

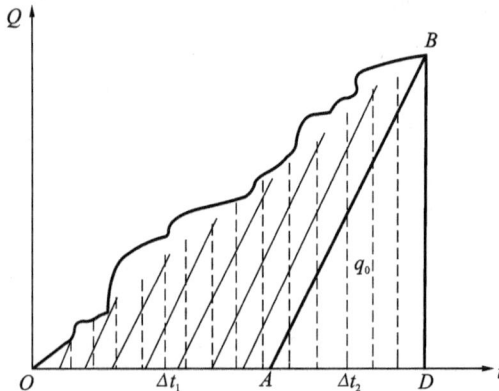

图 6.6 非自由流状态下的车辆到达-离去曲线

则 1 次停车延误:

$$S_{\triangle OBD} = \frac{1}{2}OD \times BD = \frac{1}{2}t_0 \times E(q(t_0)) = \frac{1}{2}\beta t_0 \times (1-p)/p \quad (6\text{-}11)$$

$$S_{\triangle ABD} = \frac{1}{2}AD \times BD = \frac{1}{2}\Delta t_2 \times q_0 \times \Delta t_2 = \frac{1}{2}q_0 \Delta t_2^2 \quad (6\text{-}12)$$

非自由流状态 1 次停车延误：

$$d_2 = S_{\triangle OBD} - S_{\triangle ABD} = \frac{\frac{1}{2}\beta t_0(1-p)}{p} - \frac{1}{2}q_0 \Delta t_2 \quad (6\text{-}13)$$

假设单位时间内有辆车离开车流加入停车排队，则该路段单位时间内发生的延误：

$$D_2 = m_2 d_2$$

该路段交通流在 1h 内发生的延误：

$$D_2 = m_2 \left[\frac{\frac{1}{2}\beta t_0(1-p)}{p} - \frac{1}{2}q_0 \Delta t_2 \right]$$

式中，m_2 为非自由流状态下，单位观测时间内离开车流加入停车排队队伍的车辆数；p、β 为负二项分布参数，据实际观察数据可得，$0 < p < 1$，β 为正整数；t_0 为 1 次车辆离开车流加入停车排队队伍造成的延误时间 Δt_1 和疏散时间 Δt_2 之和；Δt_2 为 1 次车流阻塞的疏散时间。

综上所述，用 D_1 表示道路车流量处于自由流状态下，单位时间内所观察到的车辆加入停车排队队伍对道路造成的总的交通延误；用 D_2 表示道路车流量处于非自由流状态下，单位时间内所观察到的车辆加入停车排队队伍对道路造成的总的交通延误。当发生停车拥挤时，单位时间内道路上正常行驶的车辆驶出车流加入停车排队时，对道路上动态交通流的延误如下所示。

① 自由流状态时。

$$D_1 = m_1 \times \left(\frac{1}{2}\lambda t_0^2 - \frac{1}{2}q_0 \Delta t_2^2 \right)$$

式中，D_1 为道路车流量处于自由流状态下，单位时间内所观察到的车辆加入停车排队队伍对道路造成的总的交通延误；m_1 为自由流状态下在单位观察时间内（取 1h）离开车流加入停车排队队伍的车辆数；λ 为单位时间内车辆的平均到达率；q_0 为该路段的饱和流率；t_0 为 1 次车辆离开车流加入停车排队造成的延误时间 Δt_1 和疏散时间 Δt_2 之和；Δt_2 为 1 次车流阻塞的疏散时间。

② 非自由流状态时。

$$D_2 = m_2 \left[\frac{\frac{1}{2}\beta t_0(1-p)}{p} - \frac{1}{2}q_0 \Delta t_2 \right]$$

式中,D_2 为道路上车流量处于非自由流状态下,单位时间内所观察到的车辆加入停车排队队伍对道路造成的总的交通延误;m_2 为非自由流状态下,单位观测时间内离开车流加入停车排队的车辆数;p、β 为负二项分布参数,据实际观察数据可得,$0<p<1$,β 为正整数;t_0 为1次车辆离开车流加入停车排队造成的延误时间 Δt_1 和疏散时间 Δt_2 之和;Δt_2 为1次车流阻塞的疏散时间。

6.3.3　停车拥挤对道路通行能力的影响评估

当发生停车拥挤时,会在停车场入口处出现排队情况,进而对道路的通行能力造成影响,而停车场入口对道路通行能力的影响主要体现在停车场的入口道长度的设计。目前国内很多城市的停车场入口处设计主要以图6.2和图6.3两种形式为主,因此本节也对这两种形式的停车场展开研究。

在图6.2所示的停车场,当停车场比较拥挤时,车辆会在停车场入口道出现排队现象,不会占用车道,对路段上的车辆通行能力影响较小,可以忽略不计。

在图6.3中所示的停车场,当停车场由于车位不足,发生停车拥挤时,会在道路上出现停车排队现象,占用道路宽度,导致道路通行能力下降。这种情况与2幅双向四车道时路内停车(路内停车是指在道路边缘划出专供车辆临时停放区域)对道路通行能力的影响较为相似。因此,可以类比路内停车来进行研究,路内停车对交通的影响主要体现在其对道路通行能力的影响。国外对此做了较多研究:美国《交通工程手册》指出,同一道路(同宽且道路交通条件相同)上没有路内停车时可通过的交通量比有路内停车时要大得多,路内停车可使道路通行能力降低。英国《交通规划与工程》中介绍,不间断的单向路内停车可使路段车速降低20%或更多(王炜,2003)。所以,当路网中有车道发生车辆排队占用道路时,需要对该路段的通行能力进行重新修正。王炜教授在研究路内停车对道路通行能力的影响时,建立了以3.5m为标准车道宽度的车道宽度修正系数模型(曾小明,李朝晖,罗旗帜,2003)。

当车道宽度 $W_0 \leqslant 3.5\text{m}$ 时,

$$\alpha = 0.5(W_0 - 1.5)$$

已知城市次干道车道宽度一般均小于3.5m,则据此公式可以得出车道宽度 W_0 与修正系数 α 之间的关系(表6.3)。

表6.3　　　　　　　车道宽度对道路通行能力的修正系数 α

W_0/m	2.5	3.0	3.5
α/%	50	75	100

　　研究停车拥挤时,当出现车辆停车排队占用道路宽度的情况时,可以通过测量实际占用道路情况,根据王炜教授所研究的公式求出相应的修正系数,进而得到道路的实际通行能力。

　　道路实际通行能力:

$$C_n = C_0 \times \alpha$$

式中,C_n 为道路修正后的通行能力,pcu/h(pcu 表示当量标准小客车);C_0 为道路原通行能力,pcu/h;α 为车道宽度对道路通行能力的修正系数。

　　综上所述,停车拥挤对道路通行能力的影响评估模型为:

$$C_n = C_0 \times \alpha$$
$$\alpha = 0.5(W_0 - 1.5)$$
$$\Delta C = C_0 - C_n$$

式中,ΔC 为道路通行能力变化量,pcu/h。

6.4　本章小结

　　本章通过分析交通拥挤与停车拥挤的关系,类比交通拥挤的状态,给出了停车拥挤的定义,并在此基础上研究停车拥挤的成因,通过分析将停车拥挤问题归结为博弈论中的"公共地悲剧",并建立相应模型。根据推导结果,要解决城市停车拥挤问题则必须满足:当驾驶员达到自身效用最大化时所需的车位数与系统达到最优时的车位数相等或接近。可以采取的措施为:进行交通需求管理;宣传低碳理念,鼓励乘坐公共交通;提高城市现有资源下的停车位数;设计更加人性化、便利的停车空间等。文中建立了驾驶员在发生停车拥挤时加入停车排队队伍造成的额外的燃油消耗和时间损失等带来驾驶员自身出行成本增加的评估模型,以及车辆离开车流加入停车排队队伍时对车流造成的延误,并建立了不同车流状态下的评估模型;车辆停车排队占用道路宽度造成的通行能力损失的评估模型。通过这些模型来反映停车拥挤的危害,进一步说明解决停车拥挤问题的重要性。

7 居住区共享停车场设计

居住区停车场实施社会化共享需要具备方便的出入口,合理的内部流线设计和居民安全设计。在满足对外交通有效衔接的基础上,还要考虑对业主安全和生活的干扰越少越好。因此,在设计共享停车场时一些重要的因素必须考虑。本书以唐山市某居住区地下停车场为例进行居住区共享停车场的设计示范。

7.1 共享停车场选取

7.1.1 选取原则

理论上讲,不同用地属性的毗邻建筑间实施共享停车必须符合三个基本条件,即泊位利用时间互补性、空间位置关系、停车场或泊位互容性(段满珍,杨兆升,张林等,2015)。

(1)泊位利用时间互补性。泊位利用时间互补性指毗邻建筑的停车高峰时间段具有明显的差异性。例如医院、商场、办公楼等停车吸引强度较高的建筑物和居住区的停车需求高峰时间段应明显不同,假如其停车高峰在上午和下午两个时间段,而此时居住区的停车位大部分处于闲置状态,则可以考虑实施共享。

通过对居住区停车数据的调查发现(图3.2),当医院、公共办公、商场等机构处于工作时间停车需求高峰,居住区停车场正处于泊位闲置高峰,而且居住区泊位闲置时间跨度往往大于这些机构的停车高峰需求时间(由人们的出行特性决定)。显然,如果在存在这种时间互补性的毗邻关系停车场实施共享停车,则可以大大降低路内占道停车和违章停车等不良现象。

（2）空间位置关系。空间位置关系指共享停车驾驶员停车后步行距离应适当。即停车后步行距离应在驾驶员可以接受的心理范围之内。例如毗邻关系的医院、商场、办公楼和居住区停车场的距离较近，步行距离较短，则更容易实施共享。

（3）停车场或泊位互容性。停车场互容性指的是停车场应对外开放或有条件地允许外来车辆入内停放，具备对外共享的基本条件。因此，下文所指停车场是具有泊位互容性的停车场。

7.1.2　目标停车场的现状

选取唐山市某居住区一个开放式地下停车场为例进行研究。该小区停车场出入口两侧分别临近商场和医院，车辆可以方便地进出，满足停车场利用时间互补性和互容性的要求。世博广场小区北侧紧邻银泰城大楼，南侧紧邻唐山市妇幼保健院，东临唐山市主干道建设路，地处唐山市中心繁华地段。两侧的医院和银泰城大楼停车场经常爆满，出现停车排队占道现象。如果该居住区停车场对外共享则可缓解周边停车紧张的问题。从空间位置来看，实施共享停车要求停车后的步行距离尽可能短，在驾驶员可接受的心理范围内（表7.1）。驾驶员在此目标停车场停车后，可乘坐直梯直接进入商场办公楼，满足其对空间距离的要求。

表7.1　　　　　　　　　　　停车后可接受的步行距离

近距离（<50m）	短距离（<100m）	中距离（<100m）	远距离（<500m）
残疾人	食品杂货店	一般零售店	飞机场停车场
搬运或负重的人	科研机构	餐馆	大型运动或文化活动
有急事的人	商场	雇员	无限量供应的停车场
便利商店	居住区	娱乐场所	

（1）出入口位置。

目标停车场设置了三个出入口，东临建设路各有一个单向的出、入口，西侧辅路设有一个双向出入口，如图7.1所示。

（2）内部规划。

停车场内部通道一般为一条或两条行车道，呈网状布置，内部有直达公寓的电梯，也有通往商场的电梯，如图7.2所示。

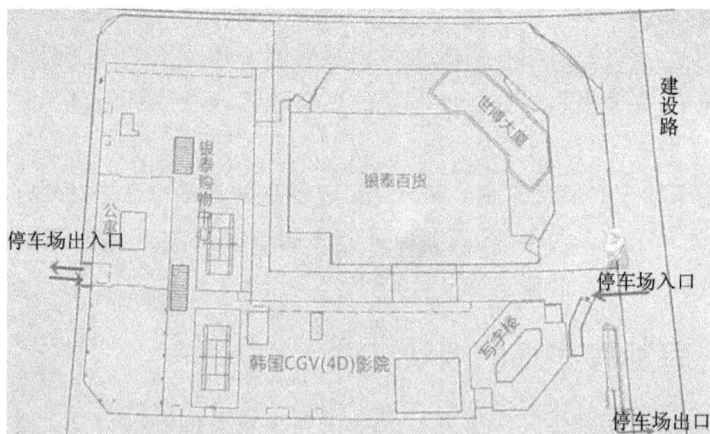

图 7.1　目标停车场与综合大楼出入口位置关系图

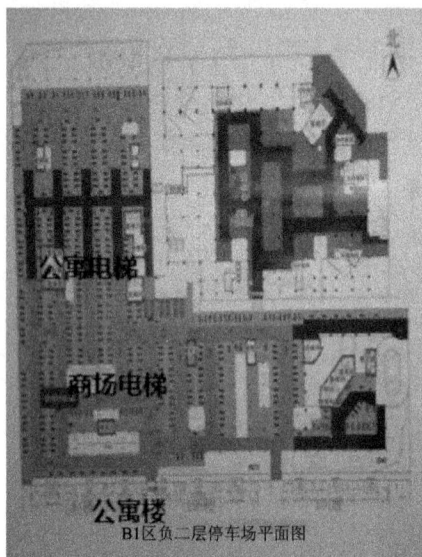

图 7.2　目标停车场内部规划图

7.2　共享停车场设计

7.2.1　出入口位置设计

按照出入口位置选择的原则：停车场出入口一般宜保持与行人天桥、过街地道、桥梁、隧道及其引道等 50m 以上的距离，与道路交叉口 80m 以上的距离，距离城市道路规划红线应不小于7.5m,并在距出入口边线内2m处视点的120°范围内至边线外7.5m以上不应有遮挡视线的障碍物。

根据《汽车库建筑设计规范》(JGJ100—2015)的要求(表7.2),该目标停车场停车位大概在350个左右,属于大型停车场,车辆出入口设计应不少于2个。

表7.2　　　　　　　　　　　　　　停车场规模划分

规模	特大型	大型	中型	小型
停车数/辆	>500	301~500	51~300	<50

因目标停车场的定位是共享停车场,在原有基础上应稍加改造。改造之后,共设置2个入口,1个出口,增设1个外来人员行人出入口。居民专用入口设置在建设路上,此公寓门入口处可设置安全道闸,只允许居民进出,防止外来行人进出;增设的行人出入口设置在辅路上,此入口既方便外来人员出入,又允许居民出入,属于混合共用通道;共享停车场改造中仍将车辆出口设置在建设路上,与原有的位置相同,外来车辆和小区车辆都可以从出口驶出。外来人员出入口设置在辅路上,其西侧为大洋商厦和新华贸购物中心,目的是方便外来人员购物、休闲、办公前后顺利进出停车场,如图7.3所示。

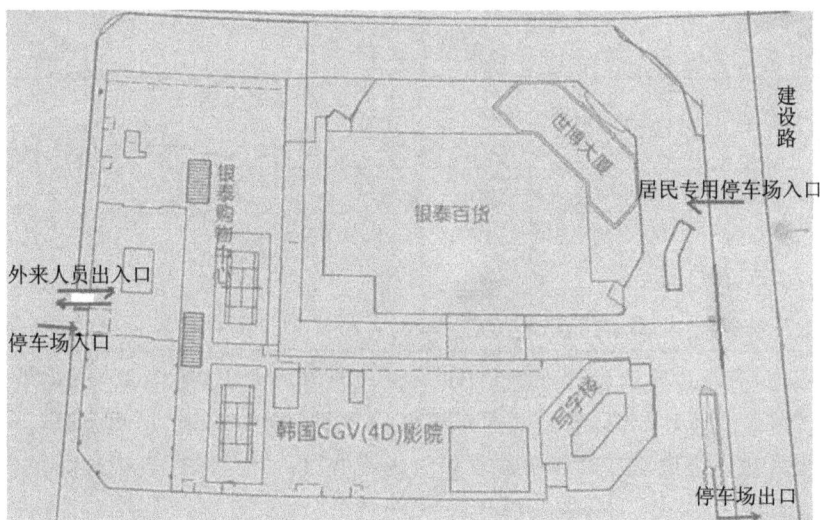

图7.3　停车场出入口位置图

7.2.2　停车场坡道设计

7.2.2.1　坡道设计原则

(1)坡道应具有足够的通行能力,满足进出口车辆的速度和数量的要求。

（2）满足坡道在使用上的各种技术要求,保障行车方便、安全。

（3）在保证基本要求的前提下,不应盲目增加坡道数量、扩大坡道面积及净高,同时应充分利用由坡道斜面形式构成的不规则室内空间。

（4）坡道的结构应该简单、合理,并根据防范要求保证足够的坚固程度。

（5）坡道的坡面应具有防滑措施,同时应考虑坡道内光线与地面光线的过渡措施。

（6）有防护要求的地下车库,坡道结构应在防护区内,出入口处应采取与防护等级相应的防护措施。

（7）坡道的形式有两种:一种是直线形坡道,另一种是曲线形坡道。直线形坡道的视线好、上下方便、切口规整、施工简便,但占地面积大,曲线形坡道占地面积小,地段狭窄,视觉效果差,进出不方便。平面设计中因曲线形坡道对驾车司机视线有影响,所以应尽量多采用直线形坡道,少采用曲线形坡道。目标停车场设计中采用直线形单向坡道。

7.2.2.2 坡道计算

根据《汽车库建筑设计规范》(JGJ100—2015)的要求(表7.3),小型车直线形单向坡道的最小宽度是3m。

表7.3 坡道最小宽度参数

坡道形式	计算宽度/m	最小宽度/m	
		微型车、小型车	中型车、大型车、铰接车
直线形单向	单车宽＋0.8	3.0	3.5
直线形双向	双车宽＋2.0	5.5	7.0
曲线形单向	单车宽＋1.0	3.8	5.0
曲线形双向	双车宽＋2.2	7.0	10.0

根据《汽车库建筑设计规范》(JGJ100—2015)的要求(表7.4),纵向坡度选用15%,高长比为1∶6.67。当通车道纵向坡度大于10%时,坡道上端、下端均应设缓坡段。缓坡段有直线缓坡段和曲线缓坡段。此处采用直线缓坡段,缓坡段坡度设为8%,上、下缓坡段一样。

我国有关资料的建议值为:直线缓坡段水平长度不应小于3.6m,曲率半径不应小于20m,缓坡段的中点为坡道原起点或止点。根据《汽车库建筑设计规范》(JGJ100—2015)的要求(表7.5),此次设计采用直线缓坡段,并且结合小型车要求最小净高为2.0m,再加上结构和设备高度,设层高为3.5m,到达地下二层的高度为7m。

表7.4	各种车型及不同坡道的坡度			
车型	直线坡道		曲线坡道	
	百分比/%	比值(高:长)	百分比/%	比值(高:长)
微型车	15.0	1:6.67	12	1:8.3
小型车				
轻型车	13.3	1:7.50	10	1:10
中型车	12.0	1:8.3		
大型客车	10.0	1:10	8	1:12.5
大型货车				

设缓坡段水平长度为 3.6m,缓坡度为 8%,纵向坡度为 15%,下降到地下二层停车场,垂直距离为 7m。因为纵向坡度大于 10%,所以坡道上端、下端均应设缓坡段,假设上、下缓坡段相同,缓坡段下降的高度为 3.6×tan8°=0.5m。纵向坡道下降高度为 7-0.5×4=5m,纵向坡道到地下一层需要的垂直距离为 2.5m,水平距离为 2.5÷tan15°=9.33m。如图 7.4 所示。

地下二层的设计与地下一层相同。

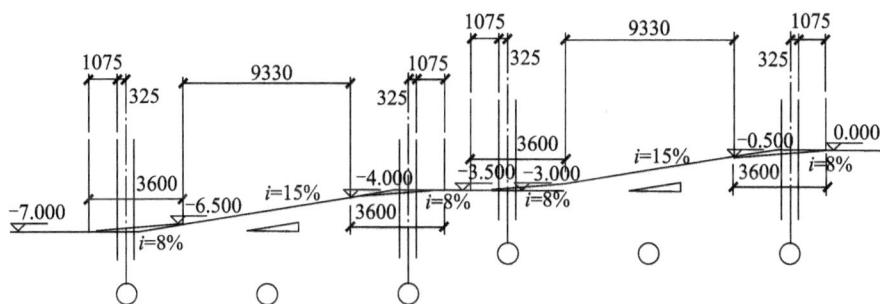

图 7.4　停车场坡道设计图

根据《汽车库建筑设计规范》(JGJ100—2015)的要求(表 7.5),停车场最小净高为 2.0m,加上结构和设备的高度,停车场层高为 3.5m 左右,本设计中选取的层高为 3.5m。

表7.5	停车场最小净高
车型	最小净高/m
微型车、小型车	2.00
轻型车	2.80
中型客车、大型客车、铰接客车	3.40
中型货车、大型货车、铰接货车	4.2

7.3 停车场停车位及通道设计

7.3.1 停车位的设计

停车场停车位规划和量体裁衣是一个道理,要保证停车位的设计与停放车辆的尺寸相对应性。不同停车场根据停放车辆类型的不同,相应的停车位设计尺寸也不尽相同。

停车场内部停车位布置方式一般可分为五种:平行式、垂直式、斜列式、交叉式、扇形式,如图7.5所示。

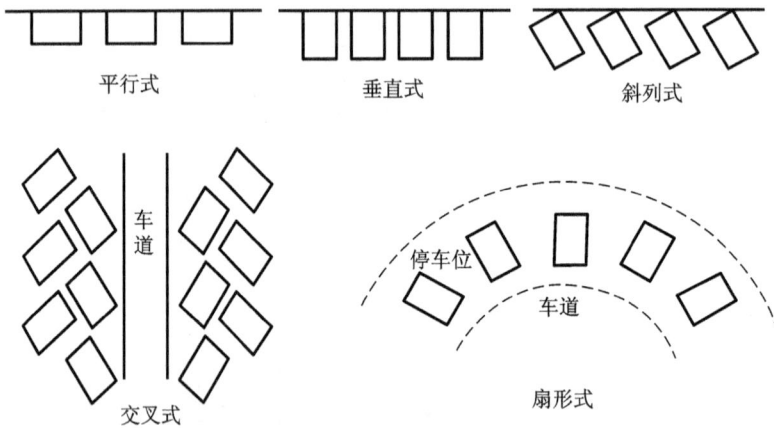

图 7.5 停车位布置方式

各种布置方式的优缺点如表7.6所示。通过将停车方式对比后发现,垂直式相比其他方式有很明显的优点,在停车位设计中多运用这种方式。

表 7.6　　　　　　　　　　　**五种停车位布置方式的特征表**

名称	停放特点	优点	缺点
扇形式	停车位呈扇形分布	停车位分布美观,可用于机械式停车库、立体停车楼	占地面积大,划分泊位较麻烦
交叉式	停车位交叉分布	用于停车塔,方便取车	若应用在道路两侧靠近车道的车辆不易驶出

续表

名称	停放特点	优点	缺点
斜列式	停放的车辆与道路的夹角小于 90°	停放灵活,停车数量最多	占地面积不固定,停放时对其他车辆干扰大
垂直式	停放的车辆与道路的夹角呈 90°	用地紧凑,车辆停放数量多	占地宽度大,对周围车道影响较大
平行式	停放的车辆与道路的夹角为 180°	节约用地,相邻车道影响较小	停放车辆数量少,离开时浪费时间

车辆进出停车位的方式如图 7.6 所示。

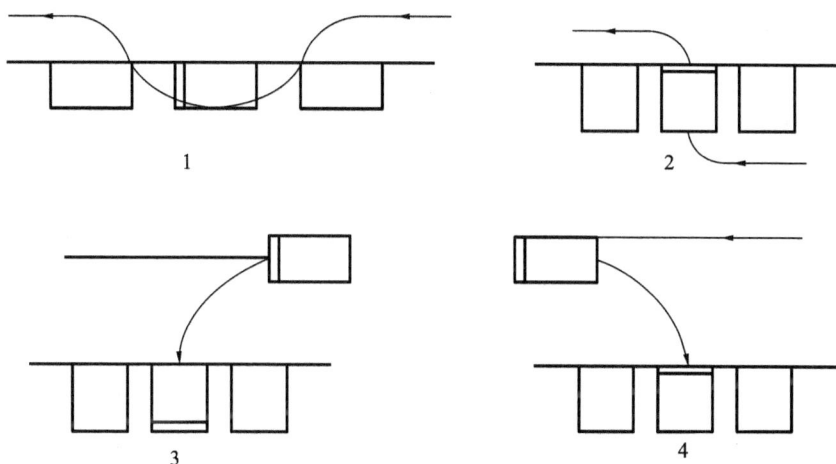

图 7.6 车辆进出停车位的方式

1 和 2 顺进顺出;3 顺进倒出;4 倒进顺出

此次选择垂直式停车位和后退停车、前进出车的停车方式,根据表 7.7 知:行车道的最小宽度为 5.5m,垂直行车道方向的最小停车宽度为 5.0m,平行行车道方向的最小停车位宽度为 2.4m。本次设计选择的停车场主要停放小型车,停车位大小为长 5m、宽 2.5m。

根据《汽车库建筑设计规范》(JGJ100—2015)的要求(表 7.8),垂直停车方式的汽车间纵向最小净距为 0.5m,汽车间横向最小净距为 0.6m,汽车与柱间最小净距为 0.3m,汽车与墙、护栏及其他构筑物间的纵向最小净距为 0.5m、横向最小净距为 0.6m。

表 7.7   不同停车方式的停车间距

停车方式		垂直行车道方向 最小停车位宽度/m	平行行车道方向 最小停车位宽度/m	行车道最小 宽度/m
平行式	前进停车	2.4	6.0	3.8
斜列式	30° 前进停车	3.6	4.8	3.8
	45° 前进停车	4.4	3.4	3.8
	60° 前进停车	4.8	2.8	4.5
	60° 后退停车	4.8	2.8	4.2
垂直式	前进停车	5.0	2.4	9.0
	后退停车	5.0	2.4	5.5

表 7.8   各种停车方式的间距

车辆类型 项目 尺寸		微型汽车 小型汽车/m	轻型汽车/m	大型汽车、中型汽车、 铰接型汽车/m
平行式停车时 汽车间纵向间距		1.20	1.20	2.40
垂直式、斜列式停车时 汽车间纵向间距		0.50	0.70	0.80
汽车间横向间距		0.60	0.80	1.00
汽车与柱间净距		0.30	0.30	0.40
汽车与墙、护栏及 其他构筑物间净距	纵向	0.50	0.50	0.50
	横向	0.60	0.80	1.00

7.3.2 行车道的设计

行车道承担着联系停车场内部与外围道路,衔接停车场内部各个区域,以及组织停车单元内部交通流线的多重任务。行车道一般分为单向行车道和双向行车道。

根据《汽车库建筑设计规范》(JGJ100—2015)的要求,如图 7.7 所示,对于小型车,单向行驶的行车道宽度应不小于 4m,双向行驶的行车道应不小于 6m,最小转弯半径 r_1 为 6m,车与车之间的间距为 0.6m。

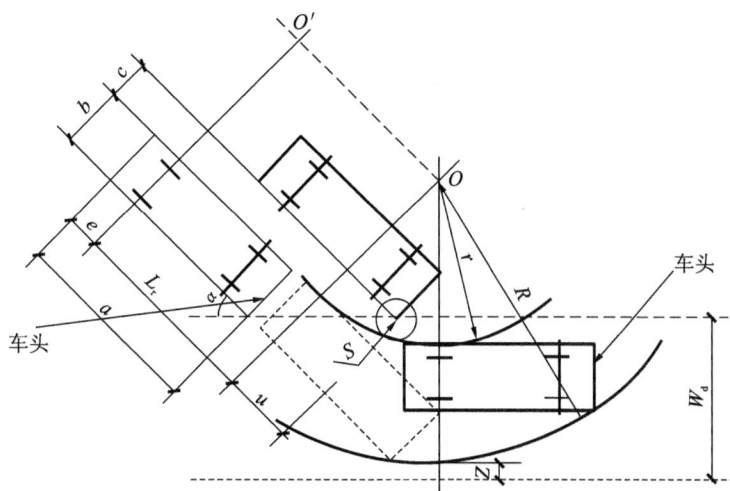

图 7.7 停车场行车道设计规范图

计算行车道的宽度。已知,采用垂直停车方式时,以小型车为例,$\alpha=90°$,设 $L=2430$,$a=4200\text{mm}$,$b=1570\text{mm}$,$e=1000\text{mm}$,$S=300\text{mm}$,$Z=500\text{mm}$,令 $m=n=1300\text{mm}$,$l=2430\text{mm}$,$d=750\text{mm}$,取 $X=Y=250\text{mm}$。

根据《汽车库建筑设计规范》(JGJ100—2015)中的公式:

$$W=R_0-r_0$$

$$R_0=R+x$$

$$r_0=r-y$$

$$R=\sqrt{(L+d)^2+(r+b)^2}$$

$$r=\sqrt{r_1^2-L^2}-\frac{b+n}{2}$$

$$W_d=R+Z-\sin\alpha[(r+b)\cot\alpha+(a-e)-L_r]$$

$$L_r=(a-e)-\sqrt{(r-s)^2-(r-c)^2}+(c+b)\cot\alpha$$

式中,W_d 为行车道宽度;S 为出入口处与邻车的安全距离(取 300mm);Z 为行驶车与车或墙的安全距离(取 500～1000mm);R_0 为汽车回转中心至汽车后外角的水平距离;L_r 为汽车回转入位后轮回转中心的偏移距离;c 为车与车的间距(取 600mm);r 为汽车环行内半径;a 为汽车长度;b 为汽车宽度;e 为汽车后悬尺寸;R 为汽车环行外半径;α 为汽车停车角度;d 为汽车前悬尺寸;l 为汽车轴距;n 为汽车前轮距;r_1 为汽车最小转弯半径;x 为机动车环形时最外点至环道外边安全距离,宜大于或等于 250mm;y 为机动车环形时最内点至环道内边安全距离,宜大于或等于 250mm。

通过计算得出车道宽度为 7.27m(两条车道),单向车道的宽度为 3.635m。根据《汽车库建筑设计规范》(JGJ100—2015)的要求,单向行驶的行车道宽度应不小于 4m,所以单向车道的宽度取 4m。

7.3.3 行人道的设计

为了对停车场内行人提供安全保护,也提高车辆的行驶效率,需进行停车场内行人通道设计。行人道分布在行车道的两侧,宽度为1m。图 7.8 为停车场的一个交叉口,横向为双向行车道,纵向为单向行车道,在双向行车道的两侧为行人道,行车道与行人道中间用实线分开,行人可以通过斑马线穿越行车道。

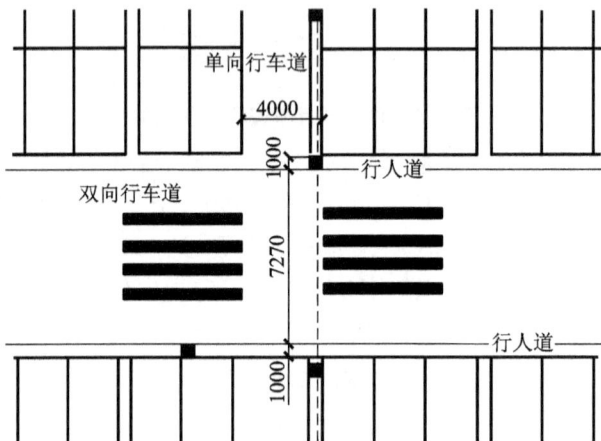

图 7.8　停车场通道局部图

7.4　共享停车场交通组织设计

7.4.1　共享停车场内部交通流线

7.4.1.1　停车场内部交通流线

停车场内部的交通流线如图 7.9 所示。车辆交通流线即车辆的行驶轨迹,从入口开始,依次为车道、泊位、车道、出口。

通常情况下,由于停车场内部的各种制约条件,包括空间限制以及右进右出准则等,使车辆从入口到出口之间需要绕行半圈或者一圈。另外停车场入口和出口在车辆的停放上利用率都不高,这是因为司机的便捷心理认为入口处离出口处距离较远而不愿在入口处停放。但是如果停车场内部已经没有可以利用的车位了,司机还是需要绕行回到入口处进行停车,这种情况下非常浪费时间和资源。因此,针对这些问题,需要通过使内部交通流线能够循环贯通并且减少车辆的进出来进行解决。

对于步行者来说,从停车位到目的地之间所经过的步行交通流线布设连贯畅通很重要。步行交通流线的设置应该能够连贯畅通的连接行人道、停车场的出入口及其他目的地出入口。

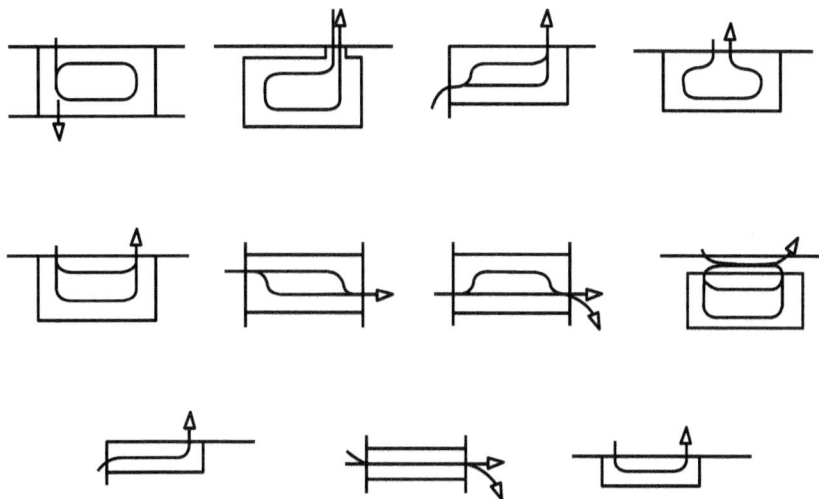

图 7.9　停车场内部交通流线

7.4.1.2　共享停车场内部交通组织流线

由于共享停车场要区分居民和外来人员,因此,内部的交通组织流线有两种:车流流线、人流流线。

(1)车流流线。

如图 7.10 所示,白色箭头为外来人员的车流流线,黑色箭头为居民的车流流线。

(2)人流流线。

相对于车辆,行人则更加难以控制,但又必须保证其出入安全。因此,共享停车场需设计行人道,实现车流与人流的分离,如图 7.11 所示。

目标停车场内设有三个楼梯间,每个楼梯间里都有两部电梯,一部电梯为居民专用,每次需要刷卡才可以乘坐,直达住宅公寓;另一部到达商场、办公地点,为外来人员和购物居民使用,如图 7.12 所示。消防通道也设有门禁,防止外来人员从消防通道进入小区内部,威胁居民安全。

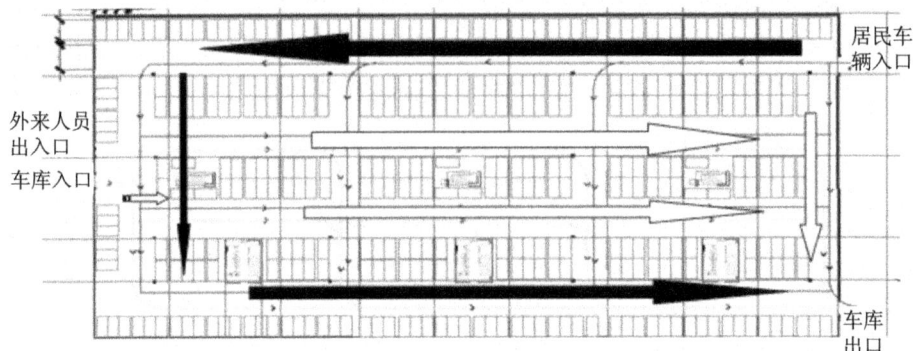

图 7.10　共享停车场内部车流流线

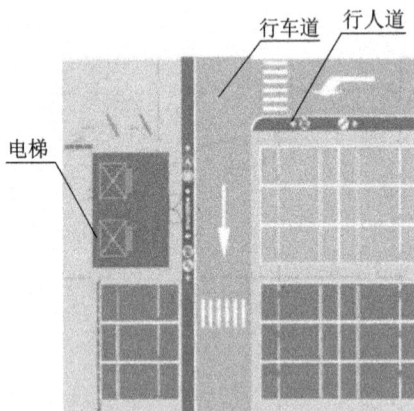

图 7.11　共享停车场行人道图

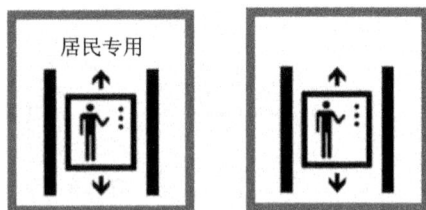

图 7.12　电梯标识

除电梯分流外,还需考虑共享停车者停车后的出行和取车时的行走路线设计。尤其是目标停车场地上的综合大楼西侧(辅路西侧),同样是商业购物区,会有行人在建筑物间穿行。因此,设置专门的外来人员出入口,保证外来人员的人身安全。外来人员进入居住区停车场停好车后,通过行人道步行到外来人员出入口,可以出入停车场。外来人员的出入通道设置在通用的车库入口边侧。如图 7.13 所示,黑色箭头为外来人员进入停车场流线,白色箭头为外来人员走出停车场流线。居民则是在停好车后,乘坐停车场内的直梯进入小区内部。

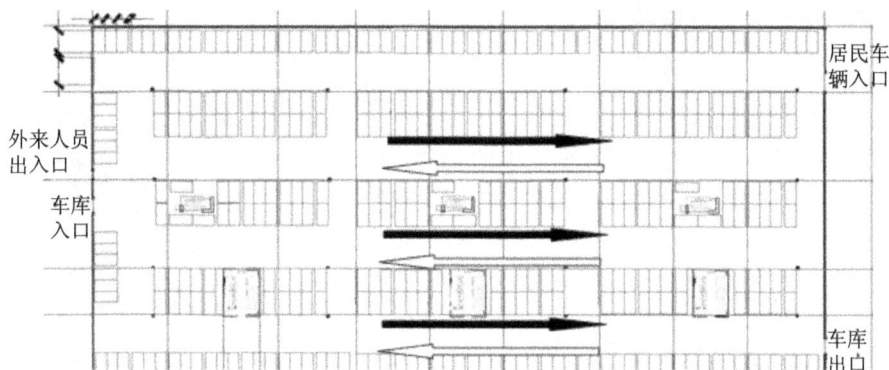

图 7.13 外来人员流线图

7.4.2 共享停车场标识设计

7.4.2.1 出入口标识设计

停车场的出入口标志和提示信息应设置在出入口上方或合适位置,如图 7.14 所示。在入口车道处还应设置最大可容许高度、最大可容许长度等标志(赵崧淞,2014)。

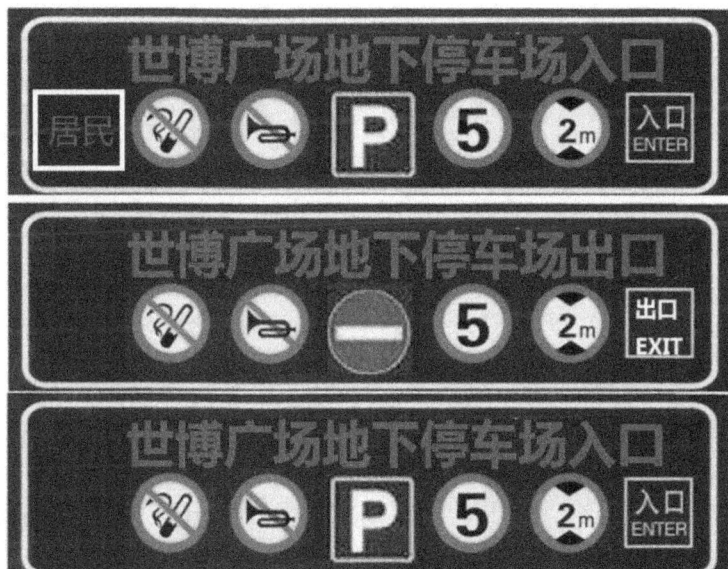

图 7.14 出入口标识

在出口车道设置禁止驶入等标识,并设置道闸,防止从出口驶入停车场。

7.4.2.2 引导标识设计

(1)停车场外引导标识。

停车场名称和引导标识在距离停车场出入口一定范围向司机明晰展示,标明允许进入的车辆类型和允许停留的时间范围,以引导外来共享车辆顺利进出。例如设在道路边上,指出停车场的方位,引导驾驶员找到停车场入口(张跃腾,2014),如图 7.15所示。

(2)停车场内引导标志。

图 7.15 停车场引导标识

图 7.16 为停车场平面图,在停车场内选择 16 个交叉口设置引导标识。标识摆放在图中黑色符号处,每个符号左边为 A 面,右边为 B 面,上边为 C 面,下边为 D 面,每面各摆放一个引导标识,引导驾驶员驶出停车场,行人也能方便地找到电梯和安全出口。

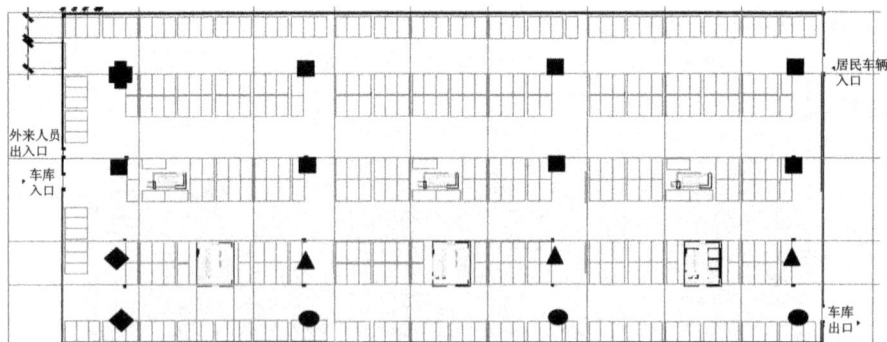

图 7.16 停车场平面图

图 7.17 为停车场引导图 1,放置在图 7.16 中黑色正方形的位置,A 放在黑色正方形左面,B 放在黑色正方形右面,C 放在黑色正方形上面,D 放在黑色正方形下面。

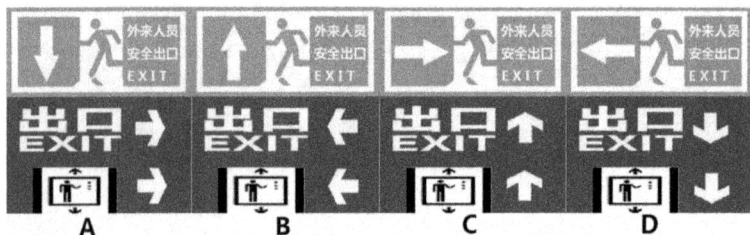

图 7.17 引导图 1

图 7.18 为停车场引导图 2,放置在图 7.16 中黑色三角形的位置,A 放在黑色三角形左面,B 放在黑色三角形右面,C 放在黑色三角形上面,D 放在黑色三角形下面。

图 7.18 引导图 2

图 7.19 为停车场引导图 3,放置在图 7.16 中黑色圆形的位置,A 放在黑色圆形左面,B 放在黑色圆形右面,C 放在黑色圆形上面,D 放在黑色圆形下面。

图 7.19 引导图 3

图 7.20 为停车场引导图 4,放置在图 7.16 中黑色菱形的位置,A 放在黑色菱形左面,B 放在黑色菱形右面,C 放在黑色菱形上面,D 放在黑色菱形下面。

图 7.20 引导图 4

图 7.21 为停车场引导图 5,放置在图 7.16 中黑色十字形的位置,A 放在黑色十字形左面,B 放在黑色十字形右面,C 放在黑色十字形上面,D 放在黑色十字形下面。

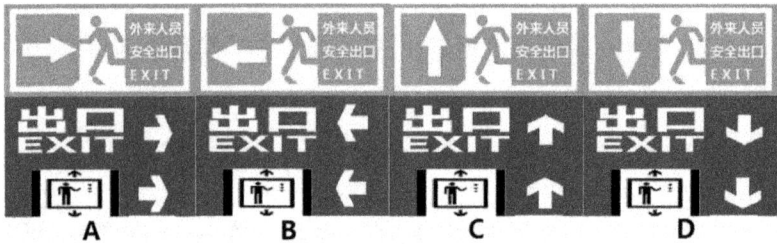

图 7.21 引导图 5

7.4.2.3 安全标识设计

停车场内的安全标识包括警告标识、禁止标识,如图 7.22 所示。

禁止烟火   下陡坡   慢行   禁止驶入

图 7.22 安全标识

禁止烟火标识放在停车场入口,禁止驶入标识放在停车场出口,如图 7.23 所示,在出入口的位置提醒驾驶员。下陡坡标识和慢行标识放在入口处。

图 7.23 安全标识摆放图

7.5 本章小结

本章选取唐山市某小区地下二层停车场进行共享停车场平面设计。首先确定出入口的位置、数量,进出方式,然后确定停车位的摆放方式以及行车道和行人道的宽度。在对停车场交通组织范围确定的基础上,分别从共享停车场的停车区域划分、内部交通组织、停车标识设计等方面进行停车场交通组织设计。

附　　录

附录1

停车场停车位利用特性调查

停车场地点：_____　　　　规模(停车位数，占地面积)：_____

停车场形式：_____　　　　观测时间段：____：____至____：____

___年___月___日　　　星期___　　　天气___　　　收费标准：___元/辆

入口___个　　　　　　出口___个

序号	车牌号	到达时间	离开时间	停放时间	时段划分(10min)	到达车辆数	离开车辆数	累计车辆数
1								
2								
3								
4								
5								
6								
7								
8								
9								
10								

除上述停放车信息外，统计如下信息(统计期间为本页信息记载时间段，如记载此25条信息用时15min，则统计期间为15min)：

进出的出租车总数_____；三轮车总数_____；其他车辆数_____。

要求：注意观察高峰时间段的车辆排队情况及对周边交通的影响。

附录 2

居住区停车位对外共享调查

1. 您是否拥有私家车位？是＿＿＿＿＿否＿＿＿＿＿每月支出费用＿＿＿＿＿元？

   车位拥有属性：A.购买　　B.租用　　C.其他,＿＿＿＿＿（请备注）

   费用项目：A.购置费　B.管理费　C.租赁费　D.其他,＿＿＿＿＿请备注

2. 您的私家车位上班时间是否经常闲置？

   是＿＿＿＿＿否＿＿＿＿＿闲置时间一般达＿＿＿＿＿h/天？

3. 在收取一定费用基础上,您是否愿意将空闲的私家车位与他人共享？（不影响您正常使用的情况下）

   是＿＿＿＿＿否＿＿＿＿＿您期望的收费标准：＿＿＿＿＿元/h

4. 私家车位的共享您最担心的问题是什么？

   A.影响自己使用　　B.比较麻烦　　C.收益太低

   D.外来车辆,影响小区安全　　　　E.其他,＿＿＿＿＿（请备注）

5. 您外出或上班是否也经常遇到停车难的问题？是＿＿＿＿＿否＿＿＿＿＿

   此时您是否也想过借用他人的私家车位？是＿＿＿＿＿否＿＿＿＿＿

6. 为了您爱车的安全和方便考虑,您是否愿意选择付费停车？是＿＿＿＿＿否＿＿＿＿＿

   您可接受的收费标准：＿＿＿＿＿元/h

7. 您经常被困扰的停车问题是什么？（可多选）

   A.无车位　B.收费　C.爱车被困,出不来　D.因随意停车致使爱车受伤

   E.其他,＿＿＿＿＿（请备注）

8. 有一种"共享型智能车位锁"能解决以上问题,您比较关心的是什么？

   A.车位锁价格　　B.操作难易　　C.管理方式　　D.收费方式

9. 您认为"共享车位锁"哪种收费比较合适？

   A.投币　　B.刷卡　　C.刷手机　　D.其他,＿＿＿＿＿（请备注）

10. 您认为哪种私家车位共享的管理方式比较好？

    A.物业代管　　　B.个人管理

11. 当您家小区门口经常挤满车辆,影响您的出行安全时,您期望采用哪种处理方式？（可多选）

    A.让他们利用小区空闲车位,进行收费停车

    B.希望有相关政策对出入口违规停车进行处理

    C.其他建议,＿＿＿＿＿＿＿＿＿＿＿＿＿＿＿＿＿（请备注）

12. 对于停车难的问题,您有什么好的解决办法或建议？

附录 3

停车场选择行为问卷调查

1. 您的家庭年收入(　　)。

性别	男		女
年龄段	老	中	轻

　　①小于 10 万元　　②10 万～20 万元
　　③20 万～30 万元　　④30 万元以上

2. 您通常在何种情况下选择停车场?
　　①出发前　　②途中获取信息而改变　　③根据实际情况而改变　　④其他

3. 在您出发前或行程中是否能获得实时的路况及停车场信息?(可多选)
　　①凭经验(或习惯)　　②听广播　　③网络　　④路侧诱导信息　　⑤其他

4. 您日常出行的停车场是您的首选停车场吗?

　　　　　是 □　　　　不是 □

不是的原因
1. 因为首先停车场已满。
2. 由于首选停车场的道路拥堵。

5. 您有过违章停车被处罚的经历吗?　　有 □　　没有 □

6. 请选择影响您停车的 3 个主要因素并按重要性排序:_____
　　①收费标准　　②停车后的步行距离　　③停车场周边路况　　④停车的难易程度
　　⑤从出发地到停车场的行程时间　　⑥停车场的空余停车位数　　⑦其他

7. 您个人比较倾向于哪种停车场?(A 或 B)
　　A 地上:①进出方便　　② 收费低　　③取车容易　　④其他
　　B 地下:①管理到位,车辆安全　　②有遮阳　　③其他

8. 您最不能接受地下停车的哪一个不方便之处?
　　①进出不方便　　②收费不合理　　③进出车场的时间过长
　　④停车场面积太大,取车难

9. 您能接受的停车后步行距离(以 m 为单位):

	小于 50	50～150	150～250	250～350	350 以上
购物	□	□	□	□	□
就医	□	□	□	□	□
工作	□	□	□	□	□
娱乐休闲	□	□	□	□	□

10. 假设您在新街(步行街)附近吃完饭,然后去银泰城(世博广场西侧)看电影,
　　你愿意开车过去还是步行过去?(新街到银泰的距离约 300m,步行约 5min)
　　(1)开车　A. 距离太远(您能接受的距离_____)　B. 赶时间　C. 其他
　　(2)步行　A. 车位不好找,停车难　B. 路上堵车严重　C. 收费　D. 其他

11. 您认为哪些情况下您可以接受附近停车场共享停车?(多选)
　　①工作　②购物　③餐饮　④娱乐健身　⑤就医　⑥办理业务　⑦走亲访友
　　⑧其他

附录 4

某市主要商业场所停车场相关停车指标

名称	泊位数/个	泊位周转率	泊位利用率	超 6h 停车比例	高峰期停车指数	高峰时间段
八方购物	402	7.6	1.56	11.30%	1.83	16:30—17:30
人民购物	373	7.84	2.54	15.20%	1.11	14:00—17:00
百货大楼	750	3.55	1.42	32.30%	1.35	16:00—17:00
华润万家	180	5.24	0.91	13.60%	1.23	16:00—17:00
远洋城	573	4.28	1.41	20.10%	2.09	14:00—17:00
大润发	170	5.39	1.21	4.03%	1.01	18:00—19:00
唐人街	120	1.67	2.44	1.16%	1.26	12:00—13:00
世博广场	230	2.76	0.62	12.10%	1.33	18:00—19:00
颐高数码	150	7.18	1.16	8.10%	1.53	10:30—11:30
新华贸	290	3.58	0.82	11.75%	0.86	12:00—13:00
龙悦	75	2.41	0.92	59.40%	1.11	16:00—17:00
大陆家居	260	3.95	1.62	31.50%	1.48	12:00—13:00
鹏大家居	160	5.21	1.05	11.50%	1.23	16:30—17:30
东方家园	150	6.53	2.46	29.70%	1.17	9:00—10:00

注:泊位数指已画线的规划泊位,泊位周转率过高的是因为溢出车辆过多,所谓溢出车辆指占用非规划空间或占道停放的车辆。

附录 5

某市主要医院相关停车指标

名称	泊位数/个	泊位周转率	泊位利用率	超 6h 停车比例	高峰期停车指数	高峰时间段
第九医院	84	3.29	0.57	12.70%	1.02	15:30—16:30
妇幼医院	324	3.39	0.93	10.90%	0.97	15:30—16:30
开滦医院	410	2.54	0.75	28.70%	0.85	9:30—10:30
第二医院	628	2.43	0.32	26.10%	0.71	9:30—10:30
协和医院	400	5.28	1.64	21.60%	1.75	9:30—10:30
255 医院	200	4.33	1.25	19.60%	1.85	15:30—16:30
人民医院	400	3.62	1.29	25.30%	0.92	9:30—10:30
工人医院	600	3.83	0.83	21.10%	1.21	9:30—10:30
联合附属	366	4.82	0.72	26.60%	1.14	8:30—9:30

参考文献

[1] 2016 年中国有多少辆汽车[EB/OL].[2016-05-16].http://www.bite-news.cn/xiaoliang/7178.html.

[2] 沈后功,周凯.2015 年全国机动车和驾驶人迅猛增长 新增汽车 1781 多万 汽车保有量增长创历史新高[J].汽车与安全,2016(2):41.

[3] 吕北岳,张晓春.深圳市路内停车停车位设置研究[J].城市交通,2009, 7(2):19-21.

[4] 陈云.城市化进程中的生态空间共享正义——基于开放住宅小区的思考 [J].生态经济,2017(1):175-179.

[5] 刘松.基于停车位共享的区域停车场规划研究[D].重庆:重庆交通大学,2012.

[6] 邓云飞.应全面深入理解和大力践行开放式小区的建设[J].交通与运输, 2016(2):27.

[7] 蒋超.街区制推广中法律问题探析——业主权利保护的视角[J].2016,25 (3):26-30.

[8] 吴斌.杭州西湖景区停车现状调研报告[D].西安:西安建筑科技大学,2016.

[9] 于晓桦,宋睿,张宇.上海中心城居住区白天停车特征分析——挖掘居住区 停车潜力,解决中心停车困境[J].交通与运输,2012,28(4):28-30.

[10] 陈伟,张海兰,蒋海霞,等.小区开放背景下物业管理服务模式转型研究 [J].住宅与房地产,2017(2):210.

[11] 程茂春,陈一鑫,廖荣生.城市停车共享中的小组模式和效益传递[J].城市 地理,2016(6):245.

[12] 朱永康.基于泊位共享居民小区智能停车管理系统[J].时代汽车,2016 (12):39-41.

[13] 王秀,段满珍,曹会云,等.唐山市居住区停车位共享调查[J].交通技术, 2016,5(1):17-24.

[14] 魏岗.路内停车泊位设置规模研究[D].西安:长安大学,2009.

[15] T A Lambe. Driver choice of parking in the city [J]. Social-Economic Planning,1996,30(3):207-219.

[16] M Dell' Orco, M Ottomanelli. Modelling uncertainty in parking choice behaviour[C]//Proceedings of the 82nd Annual Meeting of the Transportation Research Board. Washington D C,2003:1-20.

[17] P V Waerden, A Borgers, H Timmermans. Travelers micro-behavior at parking lots:a model of parking choice behavior[C]//Proceedings of the 82nd Annual Meeting of the Transportation Research Board. Washington D C,2003:35-50.

[18] P Bonsall,I Palmer. Modelling drivers' car parking behaviour using data from a travel choice simulator [J]. Transportation Research Part C, 2004,38(12):321-347.

[19] P Sattayhatewa, R L Smith. Development of parking choice models for special events [C]//Proceedings of the 82nd Annual Meeting of the Transportation Research Board. Washington D C,2003:31-38.

[20] A Ibeas,L dell'Olio,M Bordagaray,et al. Modelling parking choices considering user heterogeneity [J]. Transportation Research Part A:Policy and Practice,2014(70):41-49.

[21] Emmanouil Chaniotakis,Adam J Pel. Drivers' parking location choice under uncertain parking availability and search times: a stated preference experiment [J]. Transportation Research Part A: Policy and Practice, 2015(82) :228-239.

[22] Fabien Leurent, Houda Boujnah. A user equilibrium, traffic assignment model of network route and parking lot choice,with search circuits and cruising flows[J]. Transportation Research Part C: Emerging Technologies,Part 1,2014,47:28-46.

[23] Thompson R C,Richardson J A. A parking search model[J]. Transportation Research:Part A,1998,32(3):159-170.

[24] Thompson R C,Takada K,Kobayakawa S. Optimization of parking guidance and information systems display configurations[J]. Transportation Research:Part C,2001,9(1):69-85.

[25] 张宝玉.完整信息下的停车选择行为模型[J].市政技术,2009,27(6):557-559,608.

[26] 关宏志,姚胜永.城市中心商业区停车时长选择模型[J].公路交通科技,2005,22(11):144-146.

[27] 唐伯明,曾超,刘唐志,等.城市中心区路外公共停车场停车选择行为模型

[J].重庆交通大学学报:自然科学版,2015(6):116-122.

[28] 易昆南,李志纯.随机动态交通网络中的停车行为[J].长沙理工大学学报:自然科学版,2006,3(2):12-17.

[29] Ji Y J,Wang W,Deng W,et al. A model of parking choice and behavior [C]//Transportation and Development Innovative Best Practices. Beijing,2008:395-400.

[30] Hu J. Model of parking choice behavior in city[C]// International Conference on Transportation Engineering. Chengdu,2009:421-426.

[31] Zhang B Y,Zhang W Q,Wang X D. Modeling parking choice behavior without parking information[C]// International Conference on Transportation Engineering. Chengdu,2009:2383-2388.

[32] 李志纯,朱道力.能力约束下的停车行为模型及其求解算法[J].中国公路学报,2007,20(5):89-94.

[33] 孙磊.城市中心区自驾车通勤者停车选择行为研究[D].哈尔滨:哈尔滨工业大学,2010.

[34] 畅芬叶,谢秉磊,王志利.基于多智能体的停车选择行为仿真研究[J].武汉理工大学学报:交通科学与工程版,2012,36(6):1283-1287.

[35] 刘婧,关宏志,贺玉龙,等.大城市中心区停车寻位研究[J].公路交通科技,2016(1):135-139.

[36] 董苏华.停车政策与缓解城市交通拥堵[J].汽车与安全,2001(5):11-14.

[37] 刘学军.城市停车收费政策对城市交通的影响研究[D].武汉:武汉大学,2005.

[38] 张明会,高婷婷.当代环境下合理利用资源泊车的探索性研究[J].山东农业工程学院学报,2015,32(2),45-46.

[39] Daniel G Chatman, Michael Manville. Theory versus implementation in congestion-priced parking: An evaluation of SF park, 2011-2012[J]. Research in Transportation Economics,2014(44):52-60.

[40] 朱成娟,贾斌,韩凌辉.基于Stackelberg博弈的停车位分配与定价[J].交通运输系统工程与信息,2015,15(3):19-24.

[41] 张卫华,杨博,周洁瑜.基于纳什均衡的停车场规划模型[J].系统管理学报,2012,21(5):684-689.

[42] Guo Zhan. Home parking convenience,household car usage,and implications to residential parking policies[J]. Transport Policy, 2013(29): 97-106.

[43] Howard S Stein,John Resha. Shared parking handbook[R]. Beaverton：Stein Engineering,1997.

[44] A Nelessen Associates Inc. Smart growth, smart answers, chapter 8：shared parking[R]. Hartford：A Nelessen Associates Inc,2002.

[45] Fred Osborn. City of livermore downtown parking study, chapter Ⅵ：parking demand：shared parking[R]. California：Community Planning Department,2006.

[46] LSC Transportation Consultants Inc. Mammoth lakes parking study, chapter 2：existing transportation conditions：existing shared parking demand[R]. California：Town of Mammoth Lakes,2005.

[47] City Carshare,Institute of Transportation Engineers, et al. Parking spaces / community places：finding the balance through smart growth solutions [R]. Washington D C：US Environmental Protection Agency,2006.

[48] Hensher D A,King J. Parking demand and responsiveness to supply,pricing and location in the Sydney central business district[J]. Transportation Research A,2001(35)：177-196.

[49] 肖飞,张利学,晏克非. 基于停车位共享的停车需求预测[J]. 城市交通,2009,7(3)：73-79.

[50] 苏靖,关宏志,秦焕美. 基于停车位共享效用的混合用地停车需求比例研究[J]. 城市交通,2013(3)：42-46.

[51] 代瀧川. 基于"共享停车分析理论"的综合开发地块停车位规模研究[D]. 成都：西南交通大学,2010.

[52] 牟振华. "紧凑城市"下的城市中心区共享停车策略研究[D]. 武汉：华中科技大学,2007.

[53] 郭佳慧,白翰,王臻. 基于神经网络的停车需求预测研究[J]. 中外交流,2016 (4)：6-7.

[54] 朱家友,白翰,王臻. 基于主成分分析法的停车需求预测研究[J]. 智能城市,2016 (5)：43.

[55] 石金霞. 中小城市中心区停车需求预测方法研究[J]. 黑龙江交通科技,2016 (2)：133-135.

[56] 陈永茂,过秀成,冉江宇. 城市建筑物配建停车设施对外共享的可行性研究[J]. 现代城市研究,2010(1)：21-25.

[57] 刘斌,张晔,康浩. 城市中心区停车资源共享配置方法研究[C]//城市交通模式转型与创新——中国城市交通规划 2011 年年会论文集,2011：

241-249.

[58] 戴黎琛.关于缓解上海静安区"停车难"问题的分析与思考[J].交通与运输,2013,29(5):59-60.

[59] 李菲.居住区停车资源共享的策略研究[D].大连:大连理工大学,2012.

[60] 段满珍,轧红颖,李铮,等.中等城市医疗机构交通吸引等级评价[J].大连交通大学学报,2015,36(5):10-14.

[61] 段满珍,米雪玉,李铮,等.毗邻关系居住区与医院共享停车分析[J].城市公共交通,2016(6):24-29.

[62] Duan Manzhen,Ya Hongying,Zhang Lin,et al. Traffic safety analysis of intersections between the residential entrance and urban road[C]//13th COTA International Conference of Transportation Professionals (CICTP). ShenZhen,2013.

[63] 段满珍,陈光,米雪玉,等.居住区停车位需求预测二步骤法[J].重庆大学学报:自然科学版,2016,35(2):35-41.

[64] 段满珍,张林,曹会云,等.共享型智能车位锁及其控制方法:中国,201310035863.8[P].2015-6-17.

[65] 段满珍,杨兆升,张林,等.居住区停车位对外共享能力评估模型[J].交通运输系统工程与信息,2015,15(4):106-112,117.

[66] 潘婷婷.基于"SPAT"理论的居民小区停车位对外开放研究[D].长沙:中南大学,2012.

[67] Jos van Ommeren,Jesper de Groote,Giuliano Mingardo. Residential parking permits and parking supply[J]. Regional Science and Urban Economics,2014(45):33-44.

[68] Inga Molenda,Gernot Sieg. Residential parking in vibrant city districts[J]. Economics of Transportation,2013(2):131-139.

[69] 倪钲.分布式 LED 条形诱导屏控制系统的设计与应用[D].南京:南京大学,2016.

[70] 龚勃文.大规模路网下中心式动态交通诱导系统关键技术研究[D].长春:吉林大学,2010.

[71] 段满珍,杨兆升,张林,等.个性化诱导下的居住区共享停车泊位分配模型[J].东北大学学报,2017,38(2):174-179.

[72] 段满珍,杨兆升,米雪玉.基于居住区共享停车的双层规划诱导模型[J].西南交通大学学报,2016,51(6):1250-1257.

[73] 陈新海,刘丽.基于云平台的停车管理系统设计[J].科技创新与应用,2016

(1):67-68.

[74] 容煜伦,张权.智能停车场预订系统 App 研究[J].科技创业,2016
(22):14-16.

[75] 李全.城市多功能建筑共享式停车需求预测分析[J].交通科技与经济,
2011,13(6):61-63.

[76] 河北联合大学.唐山市综合交通调查[R].唐山:河北联合大学出版中
心,2013.

[77] 陈健.大型办公区的停车对策研究[D].西安:长安大学,2007.

[78] 段满珍,杨立荣.唐山市商业停车场调查与分析[J].交通与运输,2006,53
(4):53-56.

[79] 郭庆胜.共享式小城镇停车管理策略研究[D].广州:华南理工大学,2016.

[80] 张鹏.青岛市居住区停车问题研究[D].青岛:青岛海洋大学,2009.

[81] 刘东荣.城镇居住小区停车规划设计问题与对策研究[D].苏州:苏州大
学,2009.

[82] 郑利国.居住区停车场景观规划设计探讨[D].咸阳:西北农林科技大
学,2008.

[83] 本一.停车位共享 App:理想丰满,现实骨感[EB/OL].[2015-07-21].
http://www.cheyun.com/content/news/2835.

[84] 边海玲.城市违章停车治理问题研究[D].大连:东北财经大学,2015.

[85] Donald C Shoup. Cruising for parking [J]. Transport Policy,2006,13(6):
479-486.

[86] Richard Arnott. Spatial competition between parking garages and down-
town parking policy [J]. Transport Policy Transport Policy,2006,13(6):
458-469.

[87] 冉江宇,过秀成,陈永茂,等.基于聚类非参数检验的动态停车需求分布特
征[J].东南大学学报:自然科学版,2011,41(4):871-876.

[88] Duan Manzhen, Yang Zhaosheng, Zhang Lin, at al. Residential parking
service model based on resource sharing[J]. Journal of Donghua Univer-
sity:English Edition,2015,32(5):743-748,769.

[89] 吴兰菊.浅析智能停车诱导现状与发展趋势[J].安全 & 自动化,2014
(11):54-56.

[90] 张建英.博弈论的发展及其在现实中的应用[J].理论探索,2005(2):
36-37.

[91] 汪贤裕,肖玉明.博弈论及其应用[M].北京:科学出版社,2008.

[92] Robert Gibbons. Game theory for applied economists[M]. Princeton: Princeton University Press,1992.

[93] 艾里克·拉斯缪森.博弈与信息:博弈论概述[M].2版.姚洋校,王晖,白金辉,等,译.北京:北京大学出版社,2004.

[94] 孙连菊.基于博弈论的城市公共交通系统建模与算法研究[D].北京:北京交通大学,2009.

[95] 邵祖峰.博弈论在道路交通管理中的应用[J].道路交通与安全,2006,6(3):8-11.

[96] 陈永权.基于神经网络与博弈论相结合的发电公司竞价策略方法研究[D].北京:华北电力大学,2002.

[97] 姚国庆.博弈论[M],北京:高等教育出版社,2007.

[98] 唐宁.基于博弈论的认知无线电频谱共享研究[D].南京:南京邮电大学,2011.

[99] 王喆.工程项目投标决策方法研究[D].北京:华北电力大学,2003.

[100] 孙建平.基于Agent的城市交通区域协调控制及优化研究[D].长春:吉林大学,2004.

[101] 侯定丕.博弈论导论[M].北京:中国科学技术大学出版社,2004.

[102] 蔡长青.基于多智能体的交通控制与交通诱导协同理论和方法研究[D].长春:吉林大学,2007.

[103] 张雪.论地方政府环境规制失灵:内在机理与破解途径——基于"智猪博弈"模型视阈[J].中共郑州市委党校学报,2012(5):8-14.

[104] 王炜.城市交通管理规划指南[M].北京:人民交通出版社,2003.

[105] 徐青,乐小燕,陈金山.福州市东街口中心商业区停车行为初步研究[J].福建工程学院学报,2008,6(1):84-87.

[106] 王志利.基于前景理论的停车选择行为研究[D].哈尔滨:哈尔滨工业大学,2011.

[107] 刘灿齐.现代交通规划学[M].北京:人民交通出版社,2001.

[108] 王爽.快速客运网旅客列车开行方案编制理论与方法研究[D].北京:北京交通大学,2008.

[109] 邵春福.交通规划原理[M].北京:中国铁道出版社,2004.

[110] 章克生.山区高速公路客运站点的选址优化研究[D].重庆:重庆交通大学,2013.

[111] 王镜.基于博弈分析的城市公共交通定价及补贴的理论与方法研究[D].北京:北京交通大学,2008.

[112] 龚勃文.交通方式划分的非集计模型及应用研究[D].长春:吉林大学,2007.

[113] 田琼,黄海军,杨海.瓶颈处停车换乘 Logit 随机均衡选择模型[J].管理科学学报,2005,8(1):1-6.

[114] 刘志刚,申金升.城市交通拥堵问题的博弈分析[J].城市交通,2005,3(2):63-65.

[115] 蒋亚磊.基于博弈论的城市交通拥挤成因及对策研究[J].兰州交通大学学报:自然科学版,2007,26(1):112-114,119.

[116] 吴迪.北京市交通拥堵问题与治理对策研究[D].北京:中央民族大学,2016.

[117] 邵祖峰.机动车超载治理的博弈分析[J].北京汽车,2006(1):15-17.

[118] 周元峰.基于信息的驾驶员路径选择行为及动态诱导模型研究[D].北京:北京交通大学,2007.

[119] 范珉.公共建筑突发集群事件预警管理系统研究[D].西安:西安建筑科技大学,2010.

[120] 曹学明.加速货车循环相关运输组织优化模型与方法研究[D].北京:北京交通大学,2007.

[121] 谭冰,凌超东.酒后驾驶屡禁不止的经济学分析[J].现代经济信息,2013(12):379-380.

[122] 陈莎,马林.城市交通出行时间价值估算方法研究[C]//中国城市交通规划 2006 年年会暨第二十二次学术研讨会.南京:中国建筑学会,2006.

[123] 王纯.交通诱导系统中的博弈模型研究[D].沈阳:沈阳航空航天大学,2014.

[124] 刘晨.协作通信中基于博弈论的物理层安全研究[D].天津:天津大学,2011.

[125] 何增镇.局域 Multi-Agent 与博弈论的城市交通控制诱导系统及其关键技术研究土木建筑学院[D].长沙:中南大学,2010.

[126] 蔡艳锋,刘爽阳.基于博弈论的城市道路交通拥挤收费分析[J].物流工程与管理,2010,32(4):144-145.

[127] 马寿峰,卜军峰,张安训.交通诱导中系统最优与用户最优的博弈协调[J].系统工程学报,2005,20(1):30-37.

[128] 黄涛.博弈论教程——理论·应用[M].北京:首都经济贸易大学出版社,2004.

[129] 吕能超.大型活动动态交通组织方法建模研究能源与动力工程学院[D].

武汉:武汉理工大学,2010.

[130] 赵雪松.基于博弈分析的应急交通分配研究深圳研究生学院[D].哈尔滨:哈尔滨工业大学,2006.

[131] 霍良安,黄培清,方星.基于 Stackelberg 博弈模型的展会人员应急疏散问题[J].系统管理学报,2013,22(3):425-430.

[132] 段满珍,陈光,曹会云,等.停车场均衡利用博弈模型[J].西南交通大学学报:自然科学版,2017,52(4):810-816.

[133] Ran Jiangyu,Guo Xiucheng,Tang Liang,et al. Bi-level model for shared parking decision-making based on parking lot assignment simulation [J]. Journal of Southeast University(English Edition),2011,27(3):322-327.

[134] 管青.区域交通信号控制与交通诱导协同理论与关键技术研究[D].长春:吉林大学,2009.

[135] 朱炫东.基于 Stackelberg 博弈的供应链信息共享策略研究[J].物流技术,2011,30(7):164-166,180.

[136] 赵志刚,顾新一,李陶深.求解双层规划模型的粒子群优化算法[J].系统工程理论与实践,2007(8):92-98.

[137] Li X Y,Tian P,Min X P. A hierarchical particle swarm optimization for solving bilevel programming problems[C]// Lecture Notes in Computer Science. Zakopane,2006:1169-1178.

[138] Kuo R,Huang C. Application of particle swarm optimization algorithm for solving bi-level linear programming problem[J]. Computers and Mathematics with Applications,2009,58(4):678-685.

[139] 赵志刚,王伟倩,黄树运.基于改进粒子群的双层规划求解算法[J].计算机科学,2013,40(11A):115-119.

[140] 李相勇,田澎.双层规划问题的粒子群算法研究[J].管理科学学报,2008,11(5):41-52,109.

[141] Kennedy J,Eberhart R C. Particle swarm optimization[C]//Proceeding of IEEE International Conference on Neural Networks,IV Piscataway,NJ:IEEE Service Center,1995:1942 -1948.

[142] Li X Y,Tian P,Kong M. A novel particle swarm optimization for constrained optimization problems[C]//Proceeding of 18th Australian Joint Conference on Artificial Intelligence. Sydney:Springer Berlin/Heidelberg,2005:1305-1310.

[143] Shi Y H,Eberhart R C. A modified particle swarm optimizer[C]//Proceeding of IEEE World Congress on Computational Intelligence. Anchorage:IEEE Press,1998:69-73.

[144] 段满珍,曹会云,董博,等. 面向个性化需求的停车诱导服务模型. 交通运输系统工程与信息. 2016,16(6):153-159.

[145] 李峰. 我国城市停车场问题研究[J]. 现代城市研究,1995,1:1-2.

[146] 吕北岳,张晓春. 深圳市路内停车泊位设置研究[J]. 城市交通,2009,2:2-3.

[147] 李瑞敏. 城市道路交通管理[M]. 北京:人民教育出版社,2009:371.

[148] 韩晓瑜. 武汉市停车问题与对策研究[D]. 西安:长安大学,2013.

[149] Antony Stathopoulos,Matthew GKarlaftis. Modeling duration of urban traffic congestion[J]. Journal of Transportation Engineering,2002,128(6):587-590.

[150] Cesar A Quiroga. Performance measures and data requirements for congestion management systems[J]. Transportation Research Part C,2000,8(1-6):287-306.

[151] Robert R J d'Abadie,Theodore F Ehrlich. Contrasting the use of time-based and distance-based measures to quantify traffic congestion levels: an analysis of New Jersey Counties[J]. Transportation Research Board Annual Meeting,2002,1817:143-148.

[152] Daniela Bremmer,Keith C Cotton,Dan Cotey,et al. Measuring congestion:learning from operational data[J]. Transportation Research Board Annual Meeting,2004,1896(1):188-196.

[153] I Mayeres. Themarginal external cost of car use:with an application to Belgium[J]. Tijdschriftvoor Economieen Management,1993,38(3):225-258.

[154] B Ketcham,C Komanoff. Wi-win transportation,a no-losers approach to financing transport in New York City and the Region (draft) [R]. New York City:Transportation Alternatives,1992.

[155] Zegras C. The costs of transportation in santiagode chile:analysis and policy implications[J]. Transport Policy,1998,5:9-21.

[156] 肖飞,张利学,晏克非. 基于泊位共享的停车需求预测[J]. 城市交通,2009,7(3):73-79.

[157] 冯伟. 路边停车对路段交通流的影响研究[D]. 北京:北京交通大

学,2008.

[158] 王冰玉.改善城市交通和停车难问题的探索[J].城市设计研究,2013,10:58-60.

[159] 刘丽君.北京道路交通拥挤的外部成本分析[D].北京:北京工商大学,2007.

[160] 张香平.城市地区私人小汽车使用的外部性研究[D].北京:北京交通大学,2007.

[161] 冯相昭,邹冀,郭光明.城市交通拥堵的外部成本估算[J].环境与可持续发展,2009,3:2-3.

[162] 王炜.城市交通管理规划指南[M].北京:人民交通出版社,2003.

[163] 任军男,太平洋汽车网[EB/OL].[2015-08-26].http://www.pcauto.com.cn/client/695/6950264.html.

[164] 江南.第一白银网[EB/OL].[2016-05-27].http://www.silver.org.cn/oil/2016052794537.html.

[165] 任恒宽.城市居民交通拥堵心理成本测算方法分析[D].北京:北京交通大学,2010.

[166] 李江.交通工程学[M].北京:人民交通出版社,2014.

[167] 曾小明,李朝晖,罗旗帜.路上停车对道路通行能力的影响分析[J].中南公路工程,2003,28(2):58-59.

[168] 段满珍,杨兆升,张林,等.居住区泊位对外共享能力评估模型[J].交通运输系统工程与信息,2015(4):106-112,117.

[169] 赵崧淞.区域停车诱导系统诱导标志布局及设计[D].北京:北京交通大学,2014.

[170] 张跃腾.大型停车场标识导向系统设计研究[D].上海:东华大学,2014.